Tucholsky   Wagner   Zola   Scott   Sydow   Freud   Schlegel
Turgenev   Wallace   Fonatne   Twain   Walther von der Vogelweide   Fouqué   Friedrich II. von Preußen
Weber   Freiligrath   Frey
Fechner   Fichte   Weiße Rose   von Fallersleben   Kant   Ernst   Richthofen   Frommel
Hölderlin
Engels   Fielding   Eichendorff   Tacitus   Dumas
Fehrs   Faber   Flaubert   Eliasberg   Ebner Eschenbach
Feuerbach   Maximilian I. von Habsburg   Fock   Zweig   Eliot   Vergil
Ewald   London
Goethe   Elisabeth von Österreich
Mendelssohn   Balzac   Shakespeare   Dostojewski   Ganghofer
Lichtenberg   Rathenau   Doyle   Gjellerup
Trackl   Stevenson   Hambruch
Mommsen   Tolstoi   Lenz   Droste-Hülshoff
Thoma   Hanrieder
von Arnim   Hägele   Hauff   Humboldt
Dach   Verne   Hagen   Hauptmann   Gautier
Karrillon   Reuter   Rousseau   Baudelaire
Garschin   Defoe   Hebbel
Damaschke   Descartes
Hegel   Kussmaul   Herder
Wolfram von Eschenbach   Dickens   Schopenhauer   Rilke   George
Darwin   Melville   Grimm   Jerome   Bebel   Proust
Bronner   Horváth   Aristoteles   Federer
Campe   Barlach   Voltaire   Herodot
Bismarck   Vigny   Gengenbach   Heine
Storm   Casanova   Tersteegen   Grillparzer   Georgy
Chamberlain   Lessing   Langbein   Gilm   Gryphius
Brentano   Lafontaine
Strachwitz   Claudius   Schiller   Kralik   Iffland   Sokrates
Bellamy   Schilling
Katharina II. von Rußland   Gerstäcker   Raabe   Gibbon   Tschechow
Löns   Hesse   Hoffmann   Gogol   Wilde   Gleim   Vulpius
Luther   Heym   Hofmannsthal   Klee   Hölty   Morgenstern   Goedicke
Roth   Heyse   Klopstock   Kleist
Luxemburg   Homer   Mörike   Musil
La Roche   Puschkin   Horaz
Machiavelli   Kierkegaard   Kraft   Kraus
Navarra   Aurel   Musset   Moltke
Nestroy   Marie de France   Lamprecht   Kind   Kirchhoff   Hugo
Laotse   Ipsen   Liebknecht
Nietzsche   Nansen   Ringelnatz
Marx   Lassalle   Gorki   Klett   Leibniz
von Ossietzky   May   vom Stein   Lawrence   Irving
Petalozzi   Knigge
Platon   Pückler   Michelangelo   Kock   Kafka
Sachs   Poe   Liebermann   Korolenko
de Sade   Praetorius   Mistral   Zetkin

Der Verlag tredition aus Hamburg veröffentlicht in der Reihe **TREDITION CLASSICS** Werke aus mehr als zwei Jahrtausenden. Diese waren zu einem Großteil vergriffen oder nur noch antiquarisch erhältlich.

Symbolfigur für **TREDITION CLASSICS** ist Johannes Gutenberg (1400 — 1468), der Erfinder des Buchdrucks mit Metalllettern und der Druckerpresse.

Mit der Buchreihe **TREDITION CLASSICS** verfolgt tredition das Ziel, tausende Klassiker der Weltliteratur verschiedener Sprachen wieder als gedruckte Bücher aufzulegen – und das weltweit!

Die Buchreihe dient zur Bewahrung der Literatur und Förderung der Kultur. Sie trägt so dazu bei, dass viele tausend Werke nicht in Vergessenheit geraten.

Von der Physiognomik

Johann Caspar Lavater

Impressum

Autor: Johann Caspar Lavater
Umschlagkonzept: toepferschumann, Berlin

Verlag: tredition GmbH, Hamburg
ISBN: 978-3-8424-9162-5
Printed in Germany

Johann Caspar Lavater

Von der Physiognomik

J. C. Lavater

von der

Physiognomik.

Leipzig,
bey Weidmanns Erben und Reich.
1772.

Vorbericht.

Diese Abhandlung von der Physiognomik hat schon so viele Aufmerksamkeit erwecket, daß ich dem Wunsche nicht widerstehen kann, sie durch eine zweyte Auflage noch allgemeiner zu machen. Bey dem ersten Abdrucke in dem *Hannoverischen Magazine* vom 3, 7, und 10 Februar 1772 hatte ich aus billiger Achtung für den Verfasser, einige Anmerkungen beygefüget, die hier wegbleiben, weil Herr Lavater dieselben sehr übel genommen.

Hart wird mancher Leser das Urtheil des Verfassers gegen solche finden, die nicht an die Physiognomik glauben. Eben so hart finde ich es auch; zumal da verschiedene große Männer in Potsdam, Berlin, und anderswo, Einwürfe gegen die Physiognomik machen, die Herr Lavater noch nicht kennet, die aber ihrem Scharfsinn eben so rühmlich sind, als meinem Freunde alles neue, was er hier von der Physiognomik sagt. Ausnehmend nützlich wird es seyn, die Meinungen aller denkenden Köpfe hierüber anzuhören; nur für schlechte habe ich keine Ohren.

Eine Physiognomanie ist durch die Bekanntmachung dieser Blätter nicht leicht zu befürchten, wenn man erwäget, was mir neulich ein Philosoph ohne Bildsäule, Mantel und Bart, aber ein eben so großer Philosoph als irgend einer aus dem Alterthume (Herr Sulzer in Berlin) geschrieben hat: *in Lavaters Physiognomik sind wirklich tiefsinnige Einsichten. Aber wehe dem, der glaubt daraus die Kunst zu lernen, wenn er nicht Lavaters Aug und Herz hat.*

Hannover den 20. Merz 1772.

J. G. Zimmermann.

Erster Abschnitt.

Was die Physiognomik heiße oder was diese Wissenschaft in sich begreife.

Physiognomik ist die Wissenschaft, den Charakter (nicht die zufälligen Schicksale) des Menschen im weitläuftigsten Verstande aus seinem Aeußerlichen zu erkennen; Physiognomie im weitläuftigen Verstande wäre also alles Aeußerliche an dem Körper des Menschen und den Bewegungen desselben, in sofern sich daraus etwas von dem Charakter des Menschen erkennen läßt.

So viele verschiedene Charaktere der Mensch zugleich haben kann, das ist, aus so vielen Gesichtspunkten der Mensch betrachtet werden kann, so vielerley Arten von Physiognomien hat Ein und eben derselbe Mensch.

Daher begreift die Physiognomik alle Charaktere des Menschen, die zusammen einen completen Totalcharakter ausmachen, in sich. Sie beurtheilt den physiologischen, den Temperamentscharakter, den medicinischen, den physischen, den intellectuellen, den moralischen, den habituellen, den Geschicklichkeitscharakter, den gesellschaftlichen oder umgänglichen, u.s.w.

Den eigentlichen, einfachen oder zusammengesetzten, Ausdruck eines jeden dieser Charaktere im Körper, oder überhaupt im Aeußerlichen des Menschen, findet die Physiognomik. In sofern sie blos den Charakter aus dem ihm entsprechenden Ausdruck erkennen kann, sollte man sie die empyrische, und in sofern sie die Ursachen, den Grund davon angeben, und den unmittelbaren Zusammenhang zwischen dem Ausdruck und dem Charakter selbst zeigen könnte, die theoretische oder transcendente Physiognomik nennen.

Es giebt auch noch eine anatomische Physiognomik, von welcher erst im Entwurfe zu einer Physiognomik noch ein Wort gesagt werden soll.

Die Physiognomik hat also zween Haupttheile, den historischen, und den philosophischen. Diese müssen wohl unterschieden werden. Der philosophische Theil wird vermuthlich noch lange der schwerste Gegenstand der menschlichen Untersuchungen bleiben.

Hätten wir den einmal in unserer Gewalt, so hätten wir alsdann den Schlüssel zu allen Tiefen der menschlichen Natur.

Zweyter Abschnitt.

*Die Physiognomik ist keine eingebildete, sondern eine würkliche Wissen-
schaft.*

Es ist der gemeine Gang aller menschlichen Dinge, daß ihr Mis-
brauch sie zuletzt ganz und gar verächtlich macht. Nichts mag vielleicht mehr gemisbraucht worden seyn, als die vorgegebene Kenntniß, den ganzen Charakter, ja wohl gar die künftigen Schicksale des
Menschen betreffend; und daher vermuthlich ist die wahre Physiognomik selbst lächerlich, und den eingebildeten Wissenschaften
beygezählt worden.

Allein das soll uns im mindesten nicht abschrecken, die Würklichkeit dieser Wissenschaft zu untersuchen. Doch wollen wir da
uns ja nicht mit Autoritäten und Zeugnissen eines *Salomons, Aristoteles, Bacons, Pernettis, Parsons* oder *Gellerts* behelfen, sondern die
Vernunft und die Erfahrung sollen gefraget werden; und sie allein
sollen uns antworten.

Sagt uns die Vernunft nicht, daß jedes Ding in der Welt eine äußere und innere Seite habe, welche in einer genauen Beziehung
gegen einander stehen? daß jedes Ding eben darum, weil es das und
kein anders Ding ist, etwas an sich haben müsse, wodurch sein
Unterschied von jedem andern erkannt werden kann?

Sagt sie uns nicht, daß, wenn überhaupt zwischen der Seele und
dem Körper, dem Innern und Aeußerlichen des Menschen eine
genaue Uebereinstimmung statt hat, die unendliche Verschiedenheit der Seelen oder des Innern der Menschen, nothwendig auch
eine unendliche Verschiedenheit in ihrem Körper und ihrem
Aeußerlichen zuwege bringen müsse?

Vorausgesetzt also, daß die Charaktere der Menschen in jedem
Sinne verschieden seyn, so ist, nach dem Urtheile der Vernunft,
zugleich vorausgesetzt, daß die unmittelbaren mit dem Charakter
des Menschen verknüpften Aeußerlichkeiten verschieden seyn
müssen. Also muß, wenn eine Verschiedenheit statt hat, dieselbe
überhaupt erkennbar seyn; sie muß also der Gegenstand einer
würklichen Wissenschaft werden können.

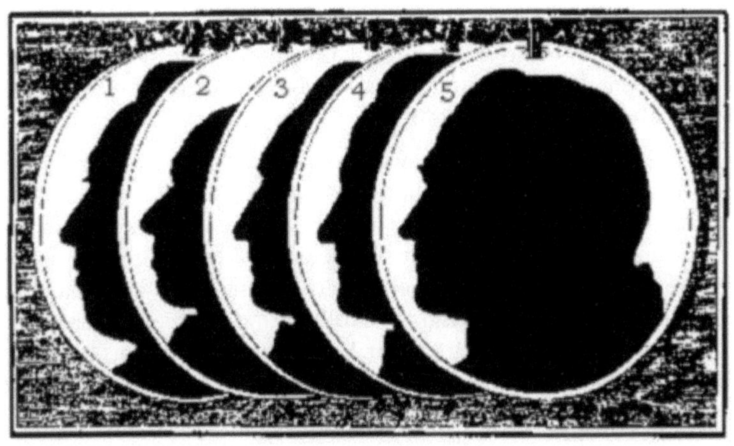

Fünf Silhouetten.
»Eine edle Gesellschaft; zwar nicht lauter Dichter. Aber – die Gesellschaft
gefällt mir so wohl zusammen, daß ich sie nicht trennen möchte, und nicht
anderswo, wie ich anfangs dachte, sondern gerade hier einrücken will –
Nicht Eine gemeine Seele.«
[1]Johann Martin Miller (1750-1814) [2] Matthias Claudius (1740-1815)
[3] Friedrich Heinrich Jacobi (1743-1819)

Wenn in der Welt nichts ohne zureichenden Grund geschieht;
wenn es unleugbar ist, daß jede, auch die geringste Würkung in der
Natur eine mechanische Folge der allgemeinen Gesetze ist, denen
ihr anbetenswürdiger Urheber dieselbe unterworfen hat; wenn
hiemit alles sogenannte Willkührliche aus dem Gebiete der Philosophie und dem Reiche der Natur verbannet werden muß; so sehe ich
nicht ein, wie der, der daran zweifelt, ob die Physiognomik eine
würkliche Wissenschaft sey, das ist, zweifelt, ob die Verschiedenheit des innern Charakters der Menschen eine erkennbare Verschiedenheit in seinem Aeußerlichen mit sich führe, auf den Namen
eines Philosophen oder Naturforschers den geringsten Anspruch
machen könne. Es empört sich in der That der menschliche Verstand gegen einen Menschen, der behaupten könnte, daß *Leibnitz*
oder *Newton* in dem Körper eines Stupiden, eines Menschen aus
dem Tollhause, der große Metaphysiker oder Mathematiker hätte
seyn können; daß der eine von ihnen im Schädel eines Lappen die
Theodicee erdacht, und der andere im Kopfe eines Mohren, dessen

Nase aufgedrückt, dessen Augen zum Kopfe heraus ragen, dessen Lippen, so aufgeworfen sie sind, kaum die Zähne bedecken, der allenthalben fleischicht und rund ist, die Planeten gewogen, und den Lichtstrahl gespaltet hätte.

Der gesunde menschliche Verstand empöret sich gegen einen Menschen, der im Ernst behaupten könnte: ein starker Mensch könne aussehen wie ein schwacher; ein vollkommen gesunder, wie ein vollkommen schwindsüchtiger; ein feuriger, wie ein sanfter, kaltblütiger. Er empört sich gegen einen Menschen, der behaupten könnte: Freude und Traurigkeit, Wollust und Schmerz, Liebe und Haß, hätten dieselben, das ist, gar keine Kennzeichen im Aeußerlichen des Menschen, und das behauptet der, der die Physiognomik ins Reich der eingebildeten Wissenschaften verbannet. Er verkehrt die Ordnung und die Verknüpfung der Dinge, wodurch sich die ewige Weisheit dem Verstande so preiswürdig macht.

Man kann es nicht genug sagen, das Willkührliche ist die Weisheit der Thoren, die Pest der gesunden Naturlehre, der Philosophie, und der Religion. Dies aus allen dreyen verbannen, ist das Werk der Weisheit und Wahrheit.

Lasset uns die Ungereimtheit dieses Willkührlichen in Absicht auf die Physiognomik noch mit einigen Beyspielen darthun. Laßt uns sehen, ob man nicht alle Vernunft mit Füßen trete, wenn man zwischen dem innern Charakter und dem äußerlichen Willkührlichkeit annimmt. Läßt sich nicht zum voraus aus der Vernunft sagen, daß ein krankes und blödes Auge ganz anders als ein gesundes und scharfes aussehen müsse? daß ein vollständiger physiologisch gesunder Körper seine natürlichen unmittelbaren Merkmale haben müsse? Muß nicht nothwendig ein Körper, dessen Gliedmaßen und Einrichtung nichts fehlet, ein andres Aeußerliches haben und darstellen, als ein physiologisch mangelhafter; muß es also nicht gewisse Kennzeichen geben, wodurch sich diese Verschiedenheit des Aeußerlichen bestimmen läßt? Erhellet also nicht daraus, daß der physiologische Charakter des Menschen aus seinem Aeußerlichen bestimmbar sey?

Ist es nicht ferner aus der Vernunft erweislich, daß ein melancholisches Geblüt nicht die Farbe des sanguinischen oder phlegmatischen haben könne? daß folglich die Leibesfarbe, welche größtentheils durch das Geblüt und die Säfte bestimmt wird, nach der verschiedenen Beschaffenheit derselben verschieden seyn müsse? Ist diese Verschiedenheit sinnlich oder erkennbar, so wird sie ein Gegenstand der Wissenschaft. Es gehört also nicht zu den eingebildeten Wissenschaften, den Temperamentscharakter des Menschen aus seinem Aeußerlichen zu bestimmen.

Der medicinische Charakter, das ist, die gegenwärtige zufällige Beschaffenheit unsers Körpers in Ansehung seiner Gesundheit, sollte die nicht ihre bestimmten, erkennbaren, und angeblichen Merkmale haben müssen? Kann man es nicht aus der Vernunft darthun, daß die Schwindsucht unserm Angesichte kraft ihrer Natur eine solche und solche Modification geben; daß die ausgetretene Galle die Haut und Augen so und so färben müsse? daß eine heftigere Wallung des Geblüts diese gegebene Farbe erwecke? Sind das blos willkührliche, oder in der Natur und dem unmittelbaren Zusammenhange des Aeußern und Innern gegründete Zeichen? Also ist es überhaupt keine blos eingebildete Wissenschaft, den medicinischen Charakter eines Menschen aus seinem Aeußerlichen zu bestimmen.

Der physische Charakter eines Menschen, oder seine Beschaffenheit in Ansehung der Stärke und Festigkeit überhaupt, muß ebenfalls, auch nur von vorne her zu schließen, seine eigenen bestimmbaren Merkmale haben. Wenn wir in unserm Leben keinen Menschen gesehen hätten, würde uns nicht die bloße Vernunft lehren, daß ein zarter, feiner Körper eines Jünglings ganz anders aussehen müsse, als ein fester robüster Körper eines Mannes? daß große, dicke, feste Knochen, eine rauhere und zähere Haut, nicht denselben Eindruck, wie zarte und weiche auf uns machen können? Also muß auch der physische Charakter des Menschen aus seinem Aeußerlichen überhaupt erkennbar seyn.

Wir gehen weiter zu dem intellectuellen Charakter, oder der Verstandes- und Geistesbeschaffenheit des Menschen. Wird uns nicht schon die bloße Vernunft auch in Ansehung dieser lehren, daß auch ihre Verschiedenheit ganz natürlicher und nothwendiger Weise eine Verschiedenheit in dem Aeußerlichen mit sich bringe? Wird sie uns nicht sagen, daß Gedächtniß, Einbildungskraft, Verstand, bey gleichen Nerven, gleichen Lebensgeistern, gleichen Säften, gleicher

Beschaffenheit und Lage des Gehirns, unmöglich so verschieden seyn könnten, wie wir sie würklich unter den Menschen antreffen? Wird sie uns nicht sagen, daß bey einem solchen Gehirn, einer solchen Feinheit und Empfindlichkeit der Nerven die sinnlichen Eindrücke lebhafter, folglich das Gedächtniß, die Einbildungskraft, der Witz, und endlich der Verstand feiner seyn müsse, als bey einer ganz andern Constitution? Wird sie uns nicht sagen, daß die Verschiedenheit des Gehirns und seiner Lage nothwendiger und natürlicher Weise den Contour und Bau des anfangs weichen und faserichten Schädels bestimmen müsse? Daß die Verschiedenheit des Nervensaftes, der Lebensgeister, kurz desjenigen Vehiculi, welches die sinnlichen Wahrnehmungen von der Oberfläche des Körpers zum Mittelpunkte der Nerven bringt, auch eine Verschiedenheit in gewissen feinen Aeußerlichkeiten verursachen oder veranlassen könne?

Der moralische Charakter oder die sittliche Gemüthsbeschaffenheit des Menschen, sollte nicht auch diese, nach dem bloßen Urtheile der Vernunft, aus dem Aeußerlichen des Menschen erkennbar seyn? Sollte eine sanftmüthige, bescheidene, friedfertige Seele den Muskeln des Angesichts diejenige Wildheit, Strenge, Furchtbarkeit geben können, welche das Gesicht eines rohen, harten, zornigen, und unerbittlichen Menschen verunstalten? Ist es nicht, wenn es auch keine Erfahrung bestätigte, für die bloße Vernunft schon zum voraus, wo nicht gewiß, doch äußerst wahrscheinlich, daß der moralische Charakter eines Menschen großentheils von dem physischen im weitern Verstande, und von seinem intellectuellen Charakter abhange; daß folglich, wenn diese, die Prämissen, aus dem Aeußerlichen erkennbar sind, auch der moralische zugleich mit aus eben diesem Aeußerlichen erkennbar seyn könne und müsse?

Der habituelle Charakter, das ist, diejenigen Modificationen, die sich durch öftere Wiederholungen derselben Bewegungen, dem Aeußerlichen eines Menschen angehängt oder aufgedrückt haben, müssen die nicht wiederum nothwendige und natürliche Folgen gewisser Bestrebungen, Gesinnungen, und Situationen der Seele seyn? Ist es nicht schon, für die bloße Vernunft, im höchsten Grade wahrscheinlich, daß die Wiederholung gewisser Bewegungen der Muskeln, welche Bewegungen mit gewissen Affecten oder Gemüthszuständen unzertrennlich verknüpft sind, endlich eine solche

Falte, eine solche Merkbarkeit verursachen müssen, welche leicht
ein Gegenstand der Wissenschaft werden können?

25. Frauenspersonen.
»Wenn unter diesen Gesichtern allen ein außerordentliches ist, so ist's 11.
vielleicht 22. und durch den mittleren Theil des Gesichts 8. Häusliche
Treue und Geschäfftigkeit im kleinen Zirkel, in der Küche und auf dem
Estrich haben 1, 2, 3, 4, 5, 10, 13, 15, 25. in der Stube 17. im Waschhause
21. Herzgute hausmütterliche Mädchen frohen Sinnes, leichter, munterer
Bewegung sind 7 und 9, 12, 14, 16. Etwas ernsthafter, bedächtlicher 19,
20. trockner 6. witziger 24. galant und theatralisch 18, 23.

Der Geschicklichkeitscharakter, oder die so und so bestimmte Fertigkeit eines Menschen, gewisse Dinge zu behandeln, sollte die nicht auch wieder ihre natürlichen und unmittelbaren Zeichen und Merkmale haben? Sollte die Leichtigkeit und Schnelligkeit in der Behandlung dieser oder jener Kunst, dieses oder jenes Geschäfftes nicht natürlicher Weise aus der Feinheit, aus der Bewegung und Activität unsers Aeußerlichen erkennbar seyn können? Wird nicht die Vernunft sagen, daß es eine sehr natürliche Folge unsrer innern Fertigkeit sey, daß sich unsere Gliedmaßen auf eine leichtere, ungezwungene, schnellere Weise wenden und bewegen werden, als wenn wir diese Fertigkeit nicht besitzen? Es erhellet also aus dem bisher gesagten, daß die Physiognomie des Menschen, das ist, sein ganzes Aeußerliches, in sofern es an seinem Körper haftet, nicht willkührlich, nicht bloß ein Zufall, und außer der Verbindung mit dem innern Charakter des Menschen, folglich die Physiognomie keine blos eingebildete Wissenschaft sey.

Es wäre leicht möglich, dies noch weitläuftiger aus der Vernunft darzuthun. Allein die Schranken, die ich mir gesetzet habe, wollen es nicht gestatten. So viel muß aber nothwendig hierüber noch gesagt werden, daß, wenn auch alle die angeführten, und noch anzuführen möglichen Vernunftgründe für die Würklichkeit dieser Wissenschaft, nicht das mindeste beweisen sollten, jedoch die Erfahrung so sehr dafür spricht, daß ich es, die Wahrheit zu gestehen, geradezu für Unsinn halte, wenn man ins Gelag hinein behaupten will, sie sey weiter nichts als eine eingebildete Wissenschaft, es wäre denn, daß man unter der Physiognomik die abgeschmackte, seynsollende Kunst, die speciellen und individuellen Schicksale des Menschen aus seinem Gesichte zu prophezeyen, verstehen wollte.

Als Charlatanerie und leere Träumerey möchte ich freylich von Herzen gerne diese Kunst größtentheils aus dem Reiche der wahren Wissenschaften aus eben dem Grunde verbannt wissen, aus welchem ich die Physiognomik, nach meiner Erklärung, zu einer Wissenschaft mache; nemlich darum, weil sie ganz auf willkührlichen, und nicht auf natürlichen Verbindungen von Ursache und Würkung zu beruhen scheint.

Und was sagt denn nun die Erfahrung überhaupt von der Gesichtsdeutung? Sie sagt uns zuerst, daß die Physiognomien aller

Menschen wohl so verschieden seyn, als es ihre Charaktere immer seyn mögen.

Sie sagt uns, daß jedes Ding in der Welt, es mag heißen wie es will, seine eigene specielle und individuelle Physiognomie habe, daß jede Birne, jeder Apfel, jede Traube, jedes Blatt die seinige habe, woraus wir von seiner innern individuellen Beschaffenheit urtheilen.

Sie sagt uns, daß das beseelteste Wesen auf Erden, der Mensch, das Meisterstück des Schöpfers, die mannigfaltigste Physiognomie, das ist, für eine jede Art des Charakters eine eigene Physiognomie habe, daß der, von dem wir wissen, daß er zornmüthig und wild ist, ganz anders aussehe, als der, von dem wir wissen, daß er sanftmüthig und gelassen ist, und zwar so anders, daß es die meisten ohne Besinnen, ohne es aus dem Umgange zu wissen, diesen beyden auf den ersten Blick ansehen, daß der eine zum Zorne geneigt und der andere sanfter und gelassener ist. Sie sagt uns, daß kein Mensch, so klug oder stupide er immer seyn mag, auf der Welt sey, (auch sogar nicht alle im Tollhause ausgenommen) kein Mensch, auf den nicht wenigstens einige gewisse Aeußerlichkeiten an andern einen solchen Eindruck machen, daß sein Urtheil über ihn und sein Betragen gegen ihn auf irgend eine Weise bestimmt wird.

Sie sagt uns, daß es gewisse Physiognomien gebe, von denen alle Menschen sogleich, ohne weitere Untersuchung, und doch richtig urtheilen werden, sie zeigen große Weisheit oder große Thorheit an. So wollte ich, zum Exempel, es darauf ankommen lassen, ob ein Mensch dumm genug seyn könnte, gewisse unglückliche Physiognomien in einem Thorenhospitale anzusehen, und sie nicht dumm zu finden; und so wollte ich auch Menschen nennen oder Gesichter zeichnen können, von denen jedermann auf den ersten Blick sogleich sagen müßte: das muß ohnfehlbar ein verständiger und scharfsichtiger Mann seyn.

Wir mögen es gestehen oder nicht, merken oder nicht, so ist doch das Aeußerliche der Menschen, der Totaleindruck, welchen es, unabhängig von dem Innern oder dem Betragen derselben, auf uns macht, in tausend Fällen, wo nicht ein völliger Entscheidungsgrund für uns, doch das, was das Uebergewicht giebt, und den Ausschlag macht.

Ohne mich in charakteristische Details einzulassen, ohne Miene zu machen, daß ich die Physiognomien verstehe, (denn würklich fehlet daran unendlich viel,) darf ich doch zum Exempel sagen: daß ein Mann, der in seinem Gange hüpft, immer einen offenen gelächterreichen Mund hat, keinen Augenblick stille stehen kann, alles angafft, und nichts mit Aufmerksamkeit betrachtet, daß ein solcher Mann bey keinem einzigen Menschen in den Verdacht eines gesetzten, weisen und ernsthaften Charakters fallen werde.

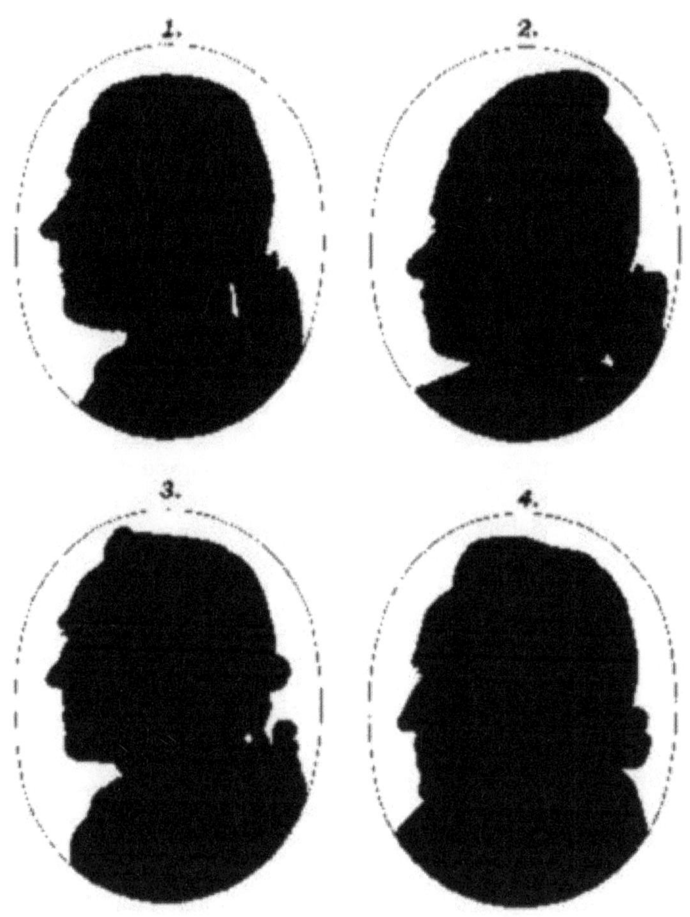

Vier Silhouetten von trefflichen Männern.
»Diese Männer sind, [...] ohne Widerrede, von den Verständigsten, Ge-
schmackvollesten, Geniereichsten, die Teutschland hervorgebracht hat.«
Friedrich Arnold Klockenbring (1742-1795)

Ich getraue mir zu behaupten, daß auch derjenige, der in seinem
Leben nichts von der Physiognomik gehört hat, einen Menschen
nicht für aufrichtig wird halten können, der uns nie in die Augen
sehen darf, der freywillig und mit einer Art von Affectation schielet,
der mit dem halben Munde lächelt, wenn er etwas ernsthaftes oder

trauriges erzählet, dessen Ton etwas unsicheres und schwankendes hat, dessen Rede unterbrochen und zerstreuet, dessen Stimme bald langsam, bald schnell, bald laut, bald leise, bald ängstlich und weinerlich, bald tiefathmend und zurückhaltend ist. Lasset einen solchen so schön mit uns reden als er immer will, wir werden uns schwerlich bereden, daß Aufrichtigkeit, Lauterkeit und Einfalt den Vorzug und das Eigenthümliche seines Charakters ausmachen.

Wenn es möglich ist, daß schon bloße ungefärbte leblose Köpfe, die nur auf ein Papier flüchtig hingezeichnet sind, entscheidend für Verstand oder Dummheit seyn können, wie viel mehr Bedeutendes und Entscheidendes kann in einem lebendigen Gesichte, in einer ganzen lebendigen Person seyn?

Freylich könnten wohl vielleicht dergleichen Zeichnungen für zwey Extreme angesehen werden. In diesem Grade der Merkbarkeit, sagt man vielleicht, können wir uns nicht leicht betrügen; allein wie unendlich viele Zwischenzüge, Schattirungen, Nüancen? wie ungewiß werden diese, je feiner, zärter, unbeschreibbarer sie sind? Das hat Schein. Doch wenn man erwägt, daß in der Natur eigentlich und an sich nichts groß und nichts klein, nichts mehr oder minder merkbar, sondern dieser Unterschied der Merkbarkeit nur zu gewissen gegebenen Augen relativ ist; wenn man bedenkt, daß das, was unsern Augen, oder auch vielleicht nur dem ungeübten Auge unmerklich ist, andern oder unsern eignen Augen merkbarer werden kann, wenn es auch genau in derselben Lage und Zeichnung bleibt; daß zum Exempel das geübte Auge eines Kunstverständigen, in einem erhabenen Gemählde, worinn sich alle Züge immer gleich bleiben, immer mehr Schönheit und Ausdruck finden kann, die vielleicht von tausend andern physisch gleich guten oder wohl gar bessern Augen übersehen werden; wenn man endlich erwägt, daß die Natur immer nach Gesetzen handelt, und daß ein stumpfer Winkel von hundert und neun und siebenzig Graden so wenig ohne zureichenden Grund von ihr gebildet werden kann, als ein spitziger von einem Grade; daß also die erste Neigung oder Lenkung einer Gesichtslinie, es sey zu welcher Expression es wolle, eben so wenig ohne Grund, oder nach andern Gesetzen gebildet werden kann, als der marquirteste oder gebogenste Contour; so wird man gestehen, daß auch die feinern Nüancen ihren Grund haben, folglich überhaupt erkennbar und wissenschaftlich bestimmbar seyn müssen.

Jede Modification meines Körpers hat eine gewisse Beziehung auf die Seele. Eine andere Hand als ich habe, würde schon eine ganz andere Proportion aller Theile meines Körpers fordern, folglich einen ganz anders modificirten Körper; das heißt, meine Seele würde die Welt durch ein ganz anderes Perspectiv, folglich unter einem andern Winkel ansehen müssen; und dann wäre ich ein ganz anderer Mensch. Daß ich also eine solche Hand habe, und keine andere, giebt zugleich zu erkennen, daß ich eine so und so bestimmte Seele habe; und dies geht bis auf jeden Muskel, ja jede Faser fort. Dieses wieder zu beweisen, darf man nur den scharf beobachtenden Zergliederer fragen; ob nicht jeder Muskel von jedem andern, der denselben Namen führt, aber zum Körper eines andern Menschen gehöret, verhältnißweise eben so verschieden sey, als die ganze Gesichtsbildung von jeder andern verschieden ist?

Vielleicht findet man es lächerlich, aus einem Knochen oder einem Zahne physiognomische Beobachtungen herzuleiten. Ich finde es gerade eben so natürlich, als aus dem Gesichte. Nicht, daß das ganze Gesicht als ein Zusammenfluß von lebendigen Expressionen, nicht viel stärker und entscheidender spräche, als ein einzelnes kleines Glied. Auch allerdings nicht, daß mir das eine so leicht sey, wie das andere. Allein ich getraue mir zu behaupten, der preiswürdige Schöpfer habe eine solche Proportion oder Analogie zwischen allen Theilen der Maschine des menschlichen Körpers festgesetzt, daß ein höherer, ein englischer Verstand aus einem Gelenke oder Muskel die ganze äußerliche Bildung, und den allseitigen Contour des ganzen Menschen bestimmen könnte, und daß folglich ihm ein einziger Muskel hinreichend wäre, den ganzen Charakter des Menschen daraus zu calculiren.

Ein großer und scharfbeobachtender Zergliederer, ein *Morgagni*, ein *Meckel*, wird, wenn man ihm die Knochen von verschiedenen Skeleten unter einander würfe, diejenigen, welche zu Einem Körper gehören, wohl zusammen finden können. Ein Mahler kann zwar oft, wie der Verfertiger eines Skelets, Glieder von verschiedenen Körpern in einen zusammen setzen; nur das ungeübte Auge wird dies nicht bemerken; aber der feinere Kenner wird sagen: Eine Hand vom *Vandyk* paßt sich nicht zu einer Figur von *Rubens*.

Hieraus ergiebt sich nach meinem Bedünken unwidersprechlich, daß alles große und kleine an dem menschlichen Körper bedeutend sey; daß die Natur eine zehntausendfache Sprache habe, in welcher sie auf einmal mit uns redet; daß sie an sich selbst sehr verständlich, sehr unzweydeutig rede; daß es nicht an ihr, sondern an uns fehle, wenn sie nicht verstanden oder unrecht verstanden wird; daß folglich die Physiognomik nicht eine eingebildete, sondern eine würkliche Wissenschaft sey.

Wenn alles bisher gesagte noch nicht hinlänglich wäre, dieses zu beweisen, so bliebe uns zuletzt noch die besondere Erfahrung übrig, daß es Menschen gegeben hat, und noch giebt, welche eine unglaubliche Fertigkeit besaßen, aus dem Aeußerlichen eines Menschen seinen innern Charakter größtentheils richtig und nach der Wahrheit zu beurtheilen.

Dritter Abschnitt.

Von dem Nutzen der Physiognomik.

Nachdem wir die Würklichkeit der Physiognomik dargethan zu haben glauben, so wird es Zeit seyn, auch ein paar Worte von dem Nutzen dieser Wissenschaft zu sagen.

Ist es nicht ausgemacht, daß der Umgang mit den Menschen das erste ist, was uns in der Welt aufstößt; der Mensch ist berufen, mit Menschen umzugehen. Kenntniß des Menschen ist die Seele des Umgangs, das, was den Umgang lebendig, angenehm, und nützlich macht; und etwas, das auf einen gewissen Grad einem jeden Menschen schlechterdings unentbehrlich ist. Ich rede nemlich von derjenigen Kenntniß des Menschen, die von den freywilligen Entdeckungen der Vertraulichkeit nicht abhängt.

Die Wörter: Staatsmann, Seelsorger, Prediger, Arzt, Kaufmann, Freund, Wohlthäter, Hausvater, Ehegenosse, darf ich nur aussprechen, um einen jeden, der sie höret, sogleich zu überzeugen, daß es eine sehr vortheilhafte, ja unentbehrliche Wissenschaft für einen jeden sey, aus dem Aeußerlichen des Menschen seinen Charakter erkennen zu können; wenigstens diejenige Seite davon, mit welcher man es zu thun hat. Ich bin auch überzeugt, daß wenn alle Physiognomik, wovon mancher ohne es selbst zu wissen so viel besitzt, (ich meyne, die deutliche sowohl, als die confuse) aus der Welt auch nur einen Tag herausgehoben werden könnte, viele Millionen Handlungen und Unternehmungen, die die Ehre der Menschheit sind, würden unterlassen werden; und daß unsere Sicherheit, die auf einer Summe angeblicher, oder blos confus gedachter, deutlich bemerkter, oder blos empfundener Wahrscheinlichkeiten beruht, bey allem, was wir unmittelbar mit den Menschen zu thun haben, unendlich geschwächt und wankend gemacht werden würde.

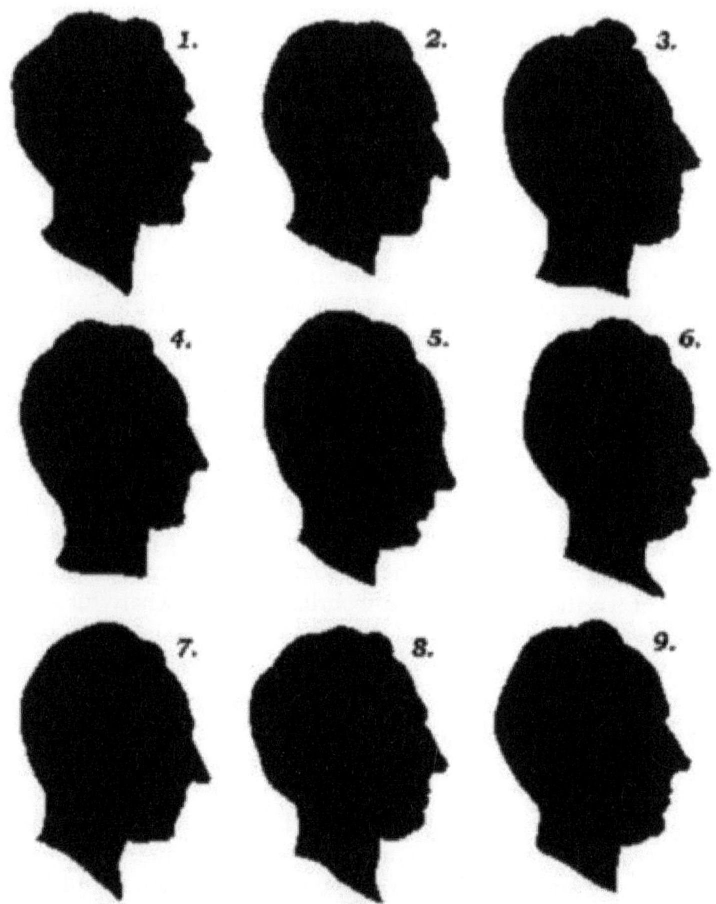

*Neun erdichtete Silhouetten zur Prüfung des physiognomischen Genies.
»1. Ein guter brauchbarer Geschäfftsmann, von gemeinem Verstande, ohne
starke Leidenschaft.«*

Die gute Physiognomie eines Menschen ist für den Kenner eine der besten Empfehlungen, und ich mache mir kein Bedenken zu sagen, eine der sichersten, die Gott ihm selbst angehängt, oder aufgedrückt hat; die das Herz zugleich einnimmt, und mit Freude und Liebe erfüllet.

Die Physiognomik ist eine Quelle der feinsten und erhabensten Empfindungen; ein neues Auge, die tausendfältigen Ausdrücke der göttlichen Weisheit und Güte zu bemerken, und den anbetungswürdigen Urheber der menschlichen Natur, der so unaussprechlich viel Wahrheit und Harmonie in dieselbe gelegt hat, in neuen Liebenswürdigkeiten zu erblicken. Wo das stumpfe und ungeübte Auge der Unaufmerksamen nichts vermuthet, da entdeckt das geübte des Gesichtskenners unerschöpfliche Quellen des geistigsten, sittlichsten, und zärtlichsten Vergnügens. Nur er versteht die schönste, beredteste, richtigste, unwillkührlichste und bedeutungsvolleste aller Sprachen, die Natursprache des moralischen und intellectuellen Genies; die Natursprache der Weisheit und Tugend. Er versteht sie im Angesichte derjenigen, die selbst nicht wissen, daß sie dieselbe sprechen; er kennet die Tugend, so versteckt sie immer seyn mag. Mit geheimer Entzückung durchdringt der menschenfreundliche Physiognomist das Innere eines Menschen, und erblickt da die erhabensten Anlagen, die sich vielleicht erst in der Ewigkeit entwickeln werden. Er trennt das Feste in dem Charakter von dem Habituellen, das Habituelle von dem Zufälligen. Er beurtheilt den Menschen nach ihm selbst, und nicht nach seinen äußern Verzierungen.

Die Physiognomik verschwistert Herzen und Herzen; sie stiftet die dauerhaftesten und edelsten Freundschaften; sie erhöhet das Vergnügen des Umganges; sie sagt dem Herzen, wo es reden und schweigen, warnen und ermuntern, trösten und strafen soll.

Sie ist zu der Erziehung der Kinder oder Lehrlinge schlechterdings unentbehrlich. Denn sie zeigt mehr, als alle Handlungen und Worte; sie zeigt die intellectuellen und moralischen Anlagen.

Aber ja, verhehlen wollen wir es auch nicht, sie ist in einem bösen Herzen das Schwert eines Rasenden; eine Quelle von teuflischem Argwohn. Mit einem Worte, sie kann, wie jede andere Wissenschaft, gemisbraucht, und mehr als hundert andere Wissenschaften dem Besten des menschlichen Geschlechtes, der Tugend und der Religion, geheiligt werden.

Vierter Abschnitt.

Wie vielleicht diese Wissenschaft studirt werden solle.

Wir kommen nun zu der schweren Frage: wie die Physiognomik, diese würkliche, diese nützliche Wissenschaft, studiret werden soll? wie man lernen soll, diese vielbedeutende Natursprache zu verstehen?

Es ist sehr schwer, diesen Unterricht in Regeln zu fassen. Es ist unmöglich, alles das, was das Auge des geübten Beobachters wahrnimmt, mit Worten auszudrücken. Es verhält sich bey dieser Wissenschaft gerade, wie bey der Mahlerey und Tonkunst. Der Mahler und Tonkünstler kann Schönheiten wahrnehmen, empfinden, und mit der anschauendsten Ueberzeugung erfüllet seyn, daß es Schönheiten sind; aber vielleicht kann er sie einem andern weder empfindbar machen, noch auch ihm Anleitung geben, wie er lernen müsse sie zu empfinden.

Indessen giebt es doch gewisse allgemeine Regeln, die freylich nicht zu *Augen* werden, aber doch als *Brillen* gebraucht werden können; Regeln, die sich angeben und mittheilen lassen.

Laßt uns also einen Versuch machen, wie vielleicht der Beobachtungsgeist bey dieser Wissenschaft zu Werke gehen sollte. Aber wir wollen es ja nicht vergessen, einmal, daß der größte Theil dieser Kunst dem Genie ganz allein überlassen bleiben muß; und dann, daß auch die Regeln, die hier angegeben werden, bloße Versuche, und zwar blos Versuche sind, die allgemeinen Regeln der Beobachtungskunst auf die Gesichtsbildung, oder das Aeußerliche des Menschen, anzuwenden.

Um aber auch hierinn uns weniger zu verwirren, müssen wir den oben erwähnten Unterschied der empyrischen und philosophischen Physiognomik nicht aus dem Gesichte verlieren. Wir müssen noch hinzu thun, daß die empyrische Physiognomik sich wieder in die confuse und klare; die philosophische oder theoretische in die physische und metaphysische zertheilt.

Ehe ich zur Sache schreite, erlaube man mir, noch eine Anmerkung zu machen. Es ist sehr wichtig, daß man die logischen Regeln der Beobachtungs- und Erfahrungskunst, und überhaupt den Geist der wahren Philosophie, von dieser Wissenschaft nicht trenne, sondern daß man sich ganz davon leiten lasse. Gar zu leicht würde man sich sonst in eben so lächerliche und abgeschmackte, als schädliche und unmoralische Charlatanerien verlieren. Es ist dieses ein so sehr gemeiner Fehler beynahe aller und insonderheit der ältern Verfasser von der Physiognomik, daß man sich nicht sehr verwundern darf, warum man die ganze Wissenschaft für lächerlich und chimärisch erkläret hat. Ohne beygefügten Grund, ohne den Gang ihrer Beobachtung anzuzeigen, ohne die Beobachtung selbst genau genug zu bestimmen, begnügen sich die meisten Verfasser, und vorzüglich Herr *Peuschel*, einer der neuesten, ihre Kennzeichen, oder wohl gar ihre Vorbedeutungszeichen anzugeben, und ins Publicum hinein zu werfen, wie der Charlatan von der Marktbühne seine Pakete.

Folianten müßte man freylich schreiben, wenn man alle Regeln für alle besonderen Charaktere, nemlich die physiologischen, medicinischen, moralischen u.s.f. nach der empyrischen und philosophischen Physiognomik aus einander setzen wollte. Man erwarte also von mir weiter nichts, als einige Beyspiele.

Da die confuse empyrische Physiognomik anders nichts ist, als der unerkennbare Totaleindruck, den das Aeußerliche eines Menschen auf uns macht, so kann für diese eigentlich keine Erlernungsregel gegeben werden. Denn sobald ich Regeln dazu gäbe, so bezögen sich diese entweder auf die besondern einzelnen Züge, die zusammen einen charakteristischen Eindruck machen; oder auf die Vergleichung dieses ganzen Aeußerlichen mit dem ganzen Aeußerlichen anderer Menschen; mithin wieder auf angebliche Bestimmungen. So bald aber diese Bestimmungen angeblich werden, so gehören die Regeln, welche sich auf die Erlernung oder Kenntniß derselben beziehen, dann schon zur klaren empyrischen Physiognomik.

Auf diese also werden sich vornemlich die Beyspiele beziehen, durch die ich mit furchtsamer Hand es wagen will, den Gang der Erlernung dieser Wissenschaft einigermaßen zu bezeichnen. Wir müssen nemlich allererst bey dem anfangen, was gewiß und zuverläßig ist.

Wir müssen folglich die Extrema oder höchsten Punkte und Zeichen vor allen Dingen uns bekannt machen, und wohl einzuprägen suchen.

Wir müssen das Feste von dem Weichen, das Haftende von dem Zufälligen wohl unterscheiden.

Wir müssen beobachten und wieder beobachten, vergleichen und wieder vergleichen; und lange mit unsern Entscheidungen und unserm Urtheile zurückhalten.

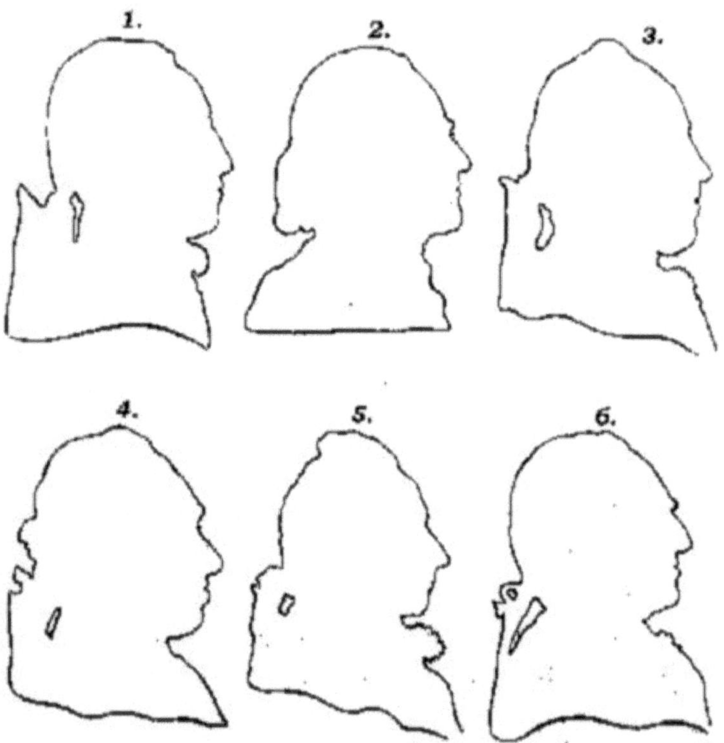

Sechs männliche Silhouetten zur Prüfung des physiognomischen Genies.
»Und was hälst du von dem Knaben 5?«

Folgendes Beispiel mag diese Regeln beweisen und anschaulich machen.

Ich will die Merkmale der Dummheit und eines durchdringenden Verstandes erforschen.

Ich gehe also, um die erste zu finden, in ein Thorenhospital, wo ich eine Sammlung von Menschen finde, deren Bestimmung nicht ist, daß sich ihre Verstandesfähigkeiten in diesem Leben entwickeln sollen; hier weiß ich nun gewiß, daß ich mit Thoren aller Arten umgeben bin. Ich begnüge mich nicht, mich nur dem confusen Eindrucke zu überlassen, den die verschiedene Natursprache der verschiedenen Dummheit auf mich macht. Ich frage mich also: was haben diese dem Scheine nach unglückselige Menschen Charakteristisches in ihrem Aeußerlichen? wo mögen vornemlich die Kennzeichen ihrer so vorzüglichen, so unzweifelhaften Dummheit ihren Sitz haben? worinn unterscheiden sie sich von andern, und insonderheit weisen Menschen?

Ich fange an bey der ganzen Statur überhaupt, ich frage: Ist sie proportionirt? Ist sie es nicht? Wo ist der Hauptsitz der Disproportion? Worinn unterscheiden sie sich im Ganzen von andern Menschen? Aber das ist noch lange nicht genug. Ich durchgehe mit meinen Beobachtungen Theil vor Theil an ihrem Körper. Ich vermuthe zum voraus, daß von der Beschaffenheit, Lage, und Größe des Gehirns vielleicht viel abhängen möchte. Ich vermuthe, daß die äußere Figur des Hirnschädels sich nach dieser Beschaffenheit, Lage, und Größe werde geformet haben; denn ich weiß, daß das beinigte Wesen, woraus er bestehet, anfangs sehr weich, und gleichsam nur eine aus rohrförmigen Fasern gespannte Pergamenhaut gewesen; daß sogar noch in dem Schädel eines Erwachsenen inwendig merkbare Eindrücke der Pulsadern anzutreffen sind. Ich weiß auch, wie viel Verletzungen und Pressungen des Hirnschädels bey alten, insonderheit aber bey jungen Personen in Absicht auf ihre Verstandesfähigkeiten würken können, u.s.f. Dies bringt mich vielleicht auf die Vermuthung, daß ich etwa mein erstes Augenmerk auf die festen Theile der Hirnschale richten müsse. Ich finde sogleich, daß ich von vorne her mit meiner Beobachtung nicht wohl zurechte komme, und daß sich das Besondere, das darinn seyn möchte, zwar auch bemerken, aber nicht so leicht behalten, vielweniger anschaulich bestimmen läßt. Ich richte mich also gegen das Profil, und finde wenigstens so viel, daß sich dieses mit leichter Mühe nachzeichnen, und also viel leichter vergleichen läßt.

Ich fange also an, mir die Profile von der Stirne einzuprägen: und indem ich diese sehe, so glitscht meine Beobachtung zugleich über das ganze Gesicht herunter, und es will mich dünken, daß der Eindruck von ihrer Dummheit stärker und lebhafter bey mir werde. Ich fahre also fort; ich nenne, oder welches besser ist, ich zeichne mir die ganzen Profile; und wenn ich einige gezeichnet habe, so fange ich an zu vergleichen. Ich lege meinen Bleystift beyseite, und versuche es, diese Linien mit Worten und Namen zu bezeichnen. Ich werde zum Exempel sagen: diese Stirne ist zu kurz, und zugleich so platt, das Haar so tief darüber herabgewachsen; jene ist zwar hoch und groß, aber sie ist zu glatt, kahl, oder so und so empor gefurcht; so und so gewölbt, so häutig, u.s.f. Ich werde sagen, diese Augenbraunen sind so wild und waldicht hervorragend, jene so hoch über den Augen, so haarlos, so weit von einander entfernt. Sodann komme ich an die Augen. Die einen sind so klein, das obere Augenlied so tief überhängend, das untere so wurstförmig; die Adern dort so weit offen, so weiß, so hervorragend. Die Nase ist so aufgedumpft, so fleischicht, jene so hervorstehend groß und breit; und eine andere so stumpf gegen die untere Lippe, wie eine Section von einem Zirkel. Die Entfernung von der Nase zur Lippe ist auch bey einigen sonderbar genug; die obere Lippe ist zu fleischicht, zu überhängend, die Zähne so sichtbar, die untere Lippe entweder so schief, oder so niederhängend und offen; ich kann mich nicht erwehren, *die unaussprechliche Selbstgenügsamkeit* mit einem kleinen Lächeln anzusehen, welche so augenscheinlich auf diesen *Lippen* schwebt. Das Kinn ist bey dem einen so hoch, so gerade, so fleischicht, so plump.

Nun beobachte ich noch den Hals, den hintern Theil des Kopfes, die Haare, die Arme, und die Hände; nicht die Linien der Hände, welche in der Träumerwissenschaft, die Chiromantie heißt, so allbedeutsam sind, und nicht nur den ganzen Charakter bezeichnen, sondern auch das geheime Archiv von den Schicksalen des Menschen enthalten sollen. Der Umriß, die Plumpheit, und Nervenlosigkeit der Hände sind ein Gegenstand meiner Beobachtung; so wie die Beine, die Stellung der Füße, die entweder parallel oder gegen einander eingekehrt stehen; und endlich der Gang.

Nun suche ich in jedem, oder doch in einigen, diejenigen Partheyen aus, welche mich am entscheidendsten dünken. Ich frage mich Theil für Theil; ich bedecke erstlich mit der Hand den Untertheil, dann den Obertheil des Gesichts; ich schließe aus, und sage: dieser Zug scheint nicht charakteristisch zu seyn; jener auch nicht; aber der da; oder dann alle zusammen. Ich bemerke mir diese vorzüglich; ich bemerke auch insonderheit das Aehnliche dieser Physiognomien; das Aehnliche von vorne her, das Aehnliche im Profile, das Aehnliche im Gange, das Aehnliche im ganzen Aeußerlichen.

Ich fange an zu reden, zu fragen, zu horchen. Ich finde ihre Stimme, ihre Muskeln, ihre Backen, Lippen, Zähne, Augen, gedoppelt bedeutsam; ich suche auch dies fest inne zu behalten; und damit ich es könne, versuche ich sogleich, Wörter bey mir auszufinden, welche sich so genau als möglich zu diesen charakteristischen Zügen passen. Wenn mir diese gelungen sind, so gehe ich nach Hause, classificire meine Zeichnungen und Charaktere; und damit mir dies leichter werde, so fange ich an, Theil mit Theil, Beschreibung mit Beschreibung zu vergleichen, bis ich endlich abstrahiren, und einige Merkmale bestimmen kann.

Von den Temperamenten
»*Der* Sanguiniker *ist beynahe unverbesserlich – nur dürfte die Nase vom Munde noch etwas weiter abstehen.*«

Aber nun darf ich noch nicht glauben, weit gekommen zu seyn. Meine Beobachtungen sollen genug wiederholet werden, ehe ich sie jemanden entdecke, ehe ich sie bey mir selbst für zuverlässig halte. Ich komme nun in eine Gesellschaft, ich treffe da einen unbekannten Mann an. Enthalten kann ich mich nicht, gerade bey dem ersten Anblicke zu vermuthen, daß er nicht von den klügsten sey. Warum das? Er hat eine Aehnlichkeit mit den charakteristischen Zügen der

Thoren, die ich noch im Gedächtnisse habe. Das ist lieblos, denke ich, du thust ihm vielleicht Unrecht. Er spricht; ich erröthe; so was dummes habe ich in meinem Leben nicht gehört. Er schweigt; so dumm habe ich in meinem Leben nicht schweigen gesehen. Man spricht von einer ernsthaften Sache; in *süßer Selbstzufriedenheit* nickt er Beyfall zu, wo es sich gar nicht schickt; unwiderstehlich muß ich mich nun nochmals an die beynahe auf allen Thorengesichtern, die ich beobachtet habe, ausgegossene Selbstgenügsamkeit erinnern. Man lobt etwas; er nickt Misfallen. Ich bemerke insonderheit, wenn er etwas auffallend dummes sagt, gleichsam den Sitz seiner Dummheit; und setze ihn also in die erste, zweyte, oder dritte Classe.

Nun fange ich an, meiner Kunst zu trauen. Ich treffe wieder einen Mann an, der in eine meiner Classen zu gehören scheint. Allein dieser Mann spricht sehr vernünftig; ich muß ihn eben so sehr bewundern, als ich mit jenem Mitleiden haben mußte; ich schäme mich vor ihm. Wie? wenn er mein erstes Vorurtheil auch aus meiner herabschauenden Miene vermuthet hätte? Aber noch mehr schäme ich mich vor mir selber! Was? Sobald ich ihn sah, triumphirte ich über mein Arcanum; nun sehe ich mich betrogen. Wie das? – doch ist dieser Zug würklich ähnlich mit meiner ersten oder zweyten Classe. – Vielleicht war die Anlage, die Erziehung der ersten Jahre, nicht die beste? der Fleiß und die Uebung der spätern Jahre haben diesen Mangel größtentheils vergütet, und die ersten Falten, die sich den noch weichern Muskeln aufgedrückt haben, noch nicht auslösen können? Vielleicht hat sonst ein Zufall mit etwas dazu beygetragen, daß ihm, zum Exempel, die Lippe so fleischicht herunter hängt? Aber denn sind auch noch so manche vergütende Züge; seine Augen, seine Stirne, seine Gebehrden reden so vortheilhaft für ihn; aber am meisten seine weisen feinen Anmerkungen, seine gesetzten, wohl überlegten Urtheile.

Also lerne ich, daß ich äußerst behutsam und zurückhaltend seyn muß; sonst laufe ich Gefahr, in meinen Urtheilen übereilt und ungerecht zugleich zu seyn. Ich lerne, daß ich mich nicht auf einen einzigen Zug verlassen, daß ich verschiedene zusammennehmen muß.

Unterdessen fahre ich fort, mein Auge in der feinen und schnellen Beobachtung dessen, was in den menschlichen Gesichtern ähnliches und unähnliches ist, zu üben. Ich mache wieder eine Anwendung von meiner ersten Beobachtung; sie paßt sich vortrefflich. Ich sollte erschrecken, daß ich einen Menschen gefunden, der das Unglück hat dumm zu seyn; aber ich bin so boshaft mich zu freuen, nur darum, weil ich den Schlüssel zur Entzieferung der Dummheit gefunden zu haben glaube.

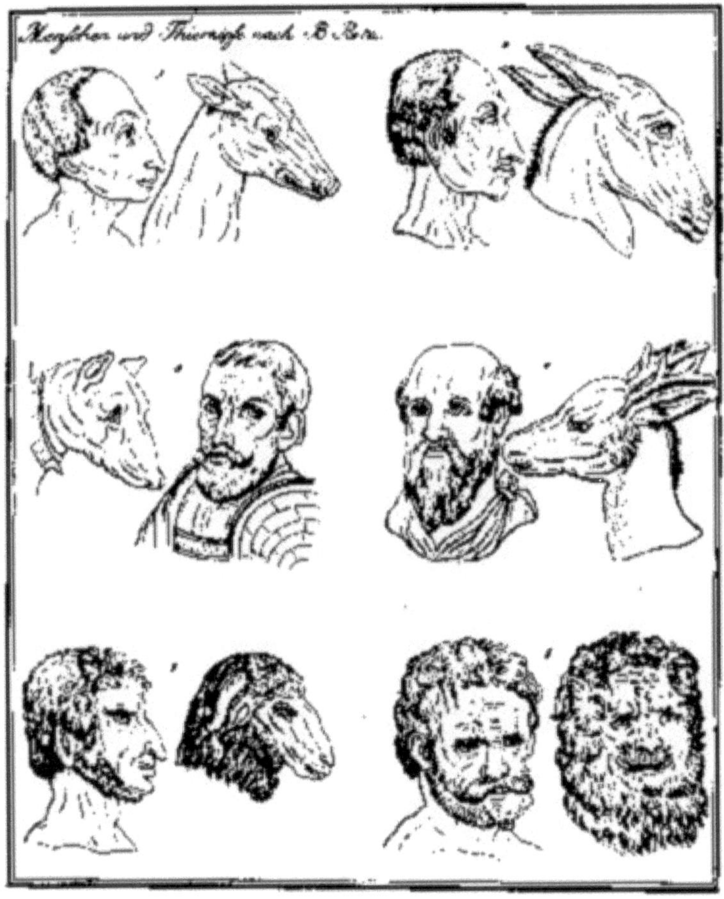

Menschen und Thiere.
»Hier noch einige dem Porta nachgezeichnete Thier- und Menschenphysi-

Ich gehe in meine Kammer, mein Gewissen macht mir Vorwürfe: du opferst dein Herz dem Verstande, und die Menschenliebe deiner Wissenschaft auf. Ich schäme mich; ich verschwöre die Physiognomik. Allein ich erhole mich wieder; unmöglich kann diese Wissenschaft an sich sündlich, oder Gott misfällig seyn. Unmöglich kann es der Urheber der menschlichen Gesichtsbildungen, der seine Weisheit in der unendlichen Mannichfaltigkeit offenbaret, misbilligen, wenn ich mich bestrebe, die Zeichen dieser Mannichfaltigkeit, welche die Bande der menschlichen Gesellschaft auf mancherley Weise knüpfen sollen, mir selbst klar zu machen, und zu bestimmen. Nur muß ich nicht da anfangen, wo ich aufhören sollte; da, wo mein Herz vielleicht in Gefahr kommen könnte. Ich muß nur nicht darauf ausgehen, Dummheit und Bosheit zu finden. Ich will Verstand und Tugend aufsuchen; ich will meinem Herzen da eine Quelle von den feinsten Vergnügungen öffnen; ich will die Physiognomien der Verständigen und Tugendhaften studieren. Ich will die Form, die Farbe, die Lage, die Proportion des Gesichtes, die Muskeln, die Stellung, die Gebehrden, das Feuer der Augen, die Bewegung der Lippen bemerken, wenn der tiefsinnige Denker ein schweres Problem auflöset, und einen verworrenen Satz auf der Wage deutlicher Begriffe abwiegt; wenn der redliche Christ von Gott, von der Ewigkeit, von der Tugend spricht; noch mehr, wenn er handelt, da will ich ihn belauschen, den bewährten, den redlichen Mann, von dem ich sonst gewiß weiß, daß man sich auf sein Herz und seine weise Rechtschaffenheit verlassen darf. Jenen Blick, mit dem er einem Armen nachschaut, dem er gern noch mehr würde gegeben haben, wenn es nur in seinem Vermögen gestanden hätte; jenes sanfte stille Gott dankende Lächeln, das um seine Lippen, auf seinen Wangen schwebt, und aus seinen Augen leuchtet, wenn er einen Tugendhaften rühmen oder eine großmütige Handlung erzählen hört; jene standhafte, bescheidene und doch unüberwindliche Miene, die mit dem Bewußtseyn, daß man recht gehandelt hat und weiter recht handeln will, so wesentlich verbunden ist; jene bewundernswürdige Ruhe, wenn er Beleidigungen vergiebt, und wenn seine Eingeweide entbrennen, den Beleidiger zu segnen: Diese schönen Züge will ich mir sorgfältig auffassen. Ich will sie mir vermittelst meines

Bleystiftes aufbewahren, aber das unnachahmliche und von keiner Menschenhand erreichbare Urbild mir dennoch tief einprägen; und zu dem Ende ganz einfache, ruhige, unzerstreuete Beobachtung seyn. Ich will in dem Sanftmüthigen die Züge der Sanftmuth, in dem Demüthigen die Züge der Demuth aufsuchen. Aber die Beobachtung soll genau seyn; sie soll oft wiederholet, und oft geprüfet werden. Wie kann das möglich seyn, wenn ich sie nur verstohlner Weise machen muß? Ist es nicht unbescheiden, Gesichter zu analysiren? und wenn die Demuth es merkt, wird sie sich nicht wegwenden, und verhüllen? In der That hier stößt mir ein neues großes Hinderniß meines Studiums auf; wer merket, daß er beobachtet ist, wird entweder unwillig, oder er verstellet sich. Wie kann ich dieser Schwierigkeit abhelfen? Vielleicht zum Theil auf folgende Weise.

Ich gehe in die Einsamkeit; ich nehme ein Medaillen- oder Bildsäulenwerk von Antiken; die Cartons eines *Raphaels*, die Apostel eines *Vandyks*, die Portraite eines *Houbraken* vor mich; diese darf ich betrachten, wie ich will; diese auf alle Seiten kehren. Diese großen Männer sollen mir die Augen öffnen; das Schöne und Große in meinen Nebenmenschen, meinen Brüdern, mir entdecken.

Ich suche nun die Charaktere zusammen, die sich, zufolge der Geschichte, oder aus ihren Thaten und Schriften zu schließen, einander ähnlich sind. Ich mache eine Reihe von *Clarke, Loke, Pope, Newton;* wieder eine von *Homer, Klopstock, Milton, Bodmer;* eine andere von *Boileau, Voltaire, Corneille, Racine;* wieder eine andere von *Gesner, Thomson;* wieder eine andere von *Swift, Rabener;* wieder eine andere von *Tessin, Moser;* wieder eine andere von *Lycurg, Montesquieu, Mirabeau;* wieder eine andere von *Albin, Haller, Boerhave, Morgagni;* noch eine andere von *Socrates, Plato, Xenophon;* noch eine andere von *Zwingli, Calvin, Bullinger.* Nun fange ich an zu beobachten; aber vergesse es nicht, erstlich, daß keines aller dieser Bildnisse, so wohl gerathen sie immer seyn mögen, die lebendige Natur erreicht; zweytens, daß, wenn sie auch den höchsten möglichen Grad der Vollkommenheit erreicht hätten, sie nur eine einzige, momentale Situation und Gesichtslage darstellen; drittens, daß die Lebendigkeit, der stärkste Ausdruck im menschlichen Gesichte, das Licht, die Wärme, die sanfte Bewegung mangelt. Die Betrachtung dieser Unvollkommenheiten macht mich also recht sehr behutsam. Nun beobachte ich erst jedes Portrait für sich allein; dann vergleiche ich die

Glieder einer jeglichen Reihe mit sich selbst; dann jede Reihe mit der andern; dann vergesse ich meine Charaktere, und stelle die ähnlichen Bildungen zusammen; dann versetze ich die Bildnisse wieder, und stelle die unähnlichsten neben einander. Dann fange ich an, mit Worten zu beschreiben, wie wenn ich diese Physiognomien einem beschreiben wollte, der das Bildniß nicht sehen kann, und doch einen deutlichen Begriff davon bekommen wollte. Dadurch gewinne ich dreyerley: ich beobachte weit besser; ich entwickele die Totaleindrücke, und löse sie in einzelne Theile auf, welche ich mir fixire; und die Classification wird mir ungemein erleichtert.

Bey dieser Beschreibung gehe ich folgendergestalt zu Werke. Ich bezeichne erst das Ganze überhaupt; dann gehe ich von Theil zu Theile fort; und wenn die Beschreibung fertig ist, so vergleiche ich sie nochmals Zug für Zug mit meinem Urbilde.

Bin ich damit fertig, so lege ich sie beyseite; und nehme das Bildniß allein wieder vor mich, und setze den intellectuellen und moralischen Charakter des lebendigen Originals mir bestimmt vor Augen. Ich sondere das Intellectuelle und Moralische ab; ich wäge jedes für sich ab; und gehe erst den negativen oder Exclusionsweg, dann den positiven.

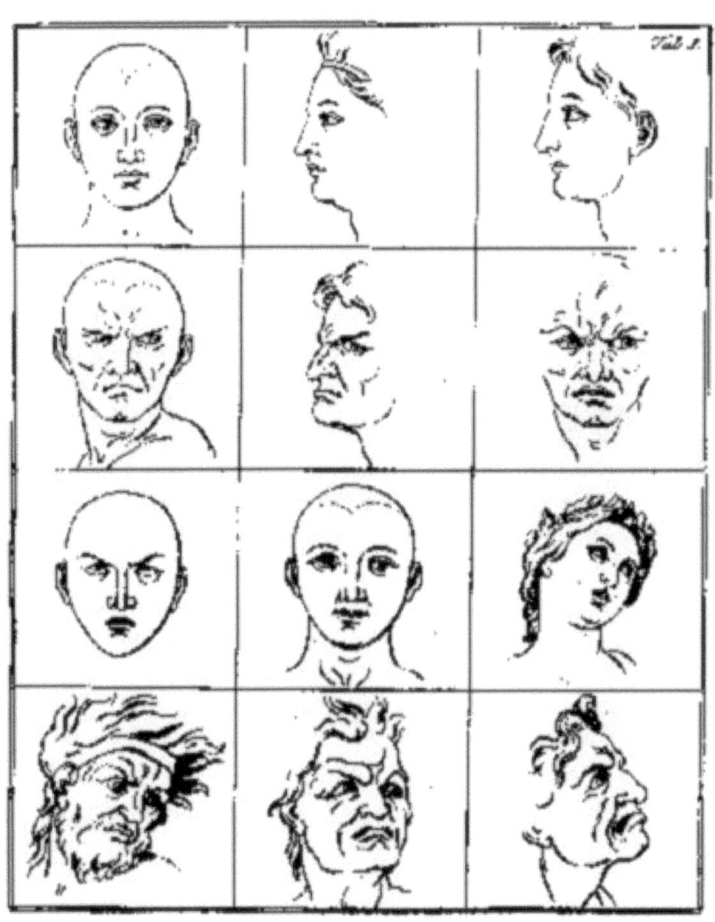

12 Köpfe, allerley Affecten [nach Charles Lebrun].
»Wir fassen zusammen: Was in der Seele vorgeht, hat seinen Ausdruck auf
dem Angesichte.«

Um dies deutlich zu machen, will ich einige Versuche vorlegen. Mit einem Profile, und einem ganzen Gesichte.

Ich nehme das Profil des *Montesquieu*, nach *Daciers* Medaille.

Ich fange bey dem Ganzen des Kopfes an, und sage: er ist überhaupt proportionirt; der Totaleindruck ist sehr vortheilhaft für den Geist; (dies muß jeder sehen, der auch nur ein wenig Beobachtungsgeist hat, wenn er auch in seinem Leben kein Wort von *Montesquieu* gehöret hätte) die Stirne ist schief; der Winkel, den sie mit einer Perpendicularlinie, in dieser natürlich scheinenden Stellung des Kopfes macht, ist wohl in die dreyßig Grade; oben gegen die Haare ist sie stark zurück gewölbt; nicht runzlicht; nicht fleischicht, sondern gespannt und beinicht; bey den Schläfen ist sie ein wenig eingedrückt; die Augenbraunen scheinen nicht sehr haarreich; doch gegen die Nase etwas dachförmig, gleich gestrichelt; unten an der Stirne, bey der Wurzel der Nase ist ein mittelmäßiger Eindruck; unter den Augenbraunen, über dem obern Augenliede eine merkliche Vertiefung.

Das Auge ist über die Hälfte offen; das obere Augenlied ist ungefähr so breit als das Auge; hinten am obern Augenliede sind einige Falten; der Stern im Auge ist im Profile merklich, und hinter sich stehend; der Augenmuskel unter dem Auge hat drey merkliche Falten, wovon die äußerste mit dem untern Umrisse des obern Augenliedes beynahe einen halben Zirkel ausmacht.

Die Nase hat die Länge der Stirne; sie läuft, den Eindruck bey der Wurzel ausgenommen, fast in einer Linie mit der Stirne fort; in der Mitte hat sie eine kaum merkliche flache Einbiegung; unten ist sie ziemlich rund und weit hervorstehend; das Nasloch ist lang und offen; das Nasläppchen unterher fein, und nicht stumpf; die Einbiegung davon geht kaum bis auf die Hälfte der Nasbreite; der untere Umriß unter dem Nasenloch ist bis an die vördere Wölbung ziemlich horizontal, und macht mit dem Profile der obern Lippe beynahe einen rechten Winkel aus; die Wangenfalte von der Nase gegen den Mund ist etwas scharf, und beynahe bis gegen den Mund zu flach; die Oberlippe ist flach gewölbt, nicht muskulös; die Lippen scheinen ziemlich fest aufeinander zu liegen; keine ragt über die andere hervor; sie sind nicht hoch, nicht fleischicht; stehen nicht ganz horizontal; lenken sich am Ende eher ein wenig gegen das Auge.

Die untere Lippe bis zum Kinn ist nicht so lang als die obere; gegen das Kinn etwas eingebogen, und unterscheidet sich vom Kinne durch einen sanften gegen den Winkel der Lippen sich hinauflenkenden Einschnitt.

Das Kinn selbst ist nicht viel hervorstehend, nicht spitzig, auch nicht sehr fleischicht, macht ungefähr den Drittheil eines nicht völligen Zirkels aus.

Der Punkt, wo das Unterkinn anhebt, ist merkbar; das Unterkinn selbst aber ist nicht fleischicht, auch beynahe ganz flach im Umrisse; wenn von dem Punkte, wo sich der Hals anzuheben scheint, eine Horizontallinie gezogen würde, so möchte der Winkel vom untern Umrisse des Kinnes ungefähr zwanzig Grade seyn.

Der Hals ist weder lang noch kurz, weder dick noch dünne, von vorne nur ein wenig ausgebogen; die Gurgel kaum merkbar; aber merkbar, breit, und doch nicht unsanft ist der lange Seitenmuskel am Halse vom Ohr gegen die Brust (*Musculus colli lateralis*); hinten ist der Hals eingebogen; der Umriß der ganzen Hirnschale von der Stirne zum Nacken macht etwas mehr als die Hälfte eines Zirkels aus, und ist also hinten sehr merklich hervorstehend; ein Umstand, der mich sehr aufmerksam macht, weil er durch die Lage und Größe des großen und kleinen Gehirns bestimmt wird.

Das Ohr ist breit, läuft mit dem untern Umrisse der Nase, und dem obern Augenliede ungefähr parallel.

Die Muskeln am Kinnbackenbein (*Musculi maxillares inferiores*) sind merkbar. Die Backen unter dem Jochbein ein wenig hohl.

Man kann nicht glauben, wie sehr die Kenntniß der Physiognomien durch eine solche Beschreibung zunehmen muß; wie sehr sich das Auge des Beobachters dadurch schärft und übet; wie stark der Eindruck dadurch wird.

Wenn ich nun nichts von *Montesquieu* wüßte, und sein Angesicht auf diese Weise beobachtet hätte, so würde ich erst die Methode der Ausschließung bey der Beurtheilung desselben anwenden. Ich würde zum Exempel sagen: so sieht kein Dummkopf aus; dies Gesicht ist nicht das Gesicht eines Blöden, Seichten, Trägen; nicht eines Traurigen, Melancholischen; nicht eines Flüchtigen, Furchtsamen.

Aber es macht den Eindruck von Kühnheit, Lebhaftigkeit, Aufmerksamkeit; es ist etwas festes, männliches, nervöses, feines, gesetztes, überlegtes darinn.

Diesen Eindruck muß es sogleich auf jedem Auge würken. Vermuthlich, weil es uns dunkle Aehnlichkeiten mit Leuten darstellt, an denen wir durch Erfahrung und Umgang dergleichen Eigenschaften bemerkt haben.

Allein nun gehe ich Theil für Theil durch, und jeder einzelne Theil fängt an, mir für sich selbst charakteristisch zu werden, und wenn ich so sagen darf, jeder giebt zu dem großen Quantum von Geist, welcher sich in diesem Gesichte ausdrückt, seinen mehr oder minder beträchtlichen Beytrag. Ich finde keinen Zug, den ich der Dummheit verdächtig halten dürfte.

Nun laßt uns auch ein Gesicht von vorne her betrachten. Aber dabey wird vor allen Dingen anzumerken seyn, daß es erstlich weit schwerer ist, den vördern Theil des Gesichts, als das Profil zu beschreiben; eben so wie es größtentheils auch schwerer ist, dasselbe zu zeichnen. Zweytens, daß das Anschauen des Mahlers, und folglich die Activität der Muskeln, wenn sich jemand mahlen läßt, uns statt des natürlichern Zustandes größtentheils etwas gezwungenes, steifes, oder gespanntes darstellt; welches bey dem Profile selten wiederfährt, wo der, welcher sich zeichnen läßt, größtentheils eben darum, weil ihn das Auge des Mahlers nicht regiert, natürlicher und freyer schaut.

Laßt uns die Hauptzüge an *Newton* bemerken. Ein länglicher, fast cylindrischer Kopf, von einer mehr fleischichten als beinichten Art; der sich in meinen Augen sogleich durch die genaue Proportion ausnimmt, indem von der Stirne bis oben an die Augenbraunen, von diesem Punkte bis unten an die Nase, und von da bis unten ans Kinn, dieselbe Weite ist. Die Stirne ist hoch, über den Augenbraunen etwas hervorstehend, bey den Schläfen ein kleiner Bug oder Eindruck.

Die Augenbraunen sind haarreich und dachförmig.

Die Augen genau in der Mitte des ganzes Kopfes, hinter dem Vordache; das obere Augenlied fast so breit sichtbar als das Auge; einige kleine Falten sind hinten dran; das untere Augenlied ist merkbar; die Nase groß, etwas breit, nicht spitzig, knorpelicht und fleischicht; das Nasloch ziemlich weit; das Läppchen geht nur bis an die Mitte der Breite, und ist hinten gegen die Backen viel höher als gegen die Spitze der Nase; die obere Lippe hat ein kegelförmiges Grübchen; die Lefzen sind fleischicht, breit, und würden wahrscheinlich im Profile nicht vor oder zurückstehen, aber in der Mitte gleich einem Winkel eingeschnitten scheinen; unter der untern Lefze sind einige Falten, welche beynahe zufällig zu seyn scheinen; das Kinn ist breit, etwas hervorstehend, muskulös; das Unterkinn uneben, auf der rechten Seite niederhängend, und der Umriß davon bis zum Ohr wellen- oder schlangenförmig; die Haare scheinen weich, fein, wallend. Der Totaleindruck ist für jedermann von Ernsthaftigkeit, Nachdenken, und Weisheit.

Auch dieses Gesicht präge ich mir also ein. Und dann fahre ich so von einem zum andern fort, und finde die augenscheinlichsten Verschiedenheiten; daß folglich jede Art von Genie sich auf eine eigene und besondere Weise ausdrücken kann. Ich bemerke mir aber vornemlich die Aehnlichkeiten; und frage mich: welchen Zug oder welche Züge haben unter zwanzig Genies, die ich vor mir sehe, die meisten mit einander gemein? und ich finde zum Exempel dies Aehnliche in dem Stirnbeine, unter den Augenbraunen, oder in der tiefen Eingebogenheit oben am obern Augenliede, so zeichne ich mir diese Beobachtungen besonders aus; halte sie aber deswegen noch lange nicht für absolute und in jedem Falle entscheidende Merkmale eines vorzüglichen Verstandes. Ich gehe nun wieder zu den Menschen. Ich wende meine Beobachtung an; ich finde sehr viele Verständige, die dieses Merkmal nicht haben; und schließe also, daß das nicht das einzige Merkmal des Verstandes ist. Ich bemerke, zweytens, daß beynahe alle, die dieses Merkmal haben, verständig sind; daraus schließe ich, daß es, wenn gleich nicht das einzige, dennoch ein sehr gemeines und ziemlich zuverläßiges Merkmal des Verstandes sey. Ich finde drittens einen Thoren, der eben dieses Merkmal, aber auch zugleich Merkmale der Thorheit hat und schließe also: dieses Merkmal ist nicht das einzige, aber dennoch ein gemeines ziemlich zuverläßiges Merkmal des Verstandes, wenn keine entgegenstehende oder offenbar widersprechende Züge vorhanden sind.

Hier habe ich also wenigstens eine hypothetische Regel, die freylich durch neue Beobachtungen, immer mehr berichtigt, eingeschränkt und verfeinert werden muß.

Ueber Schattenrisse.
»Ich befinde mich daher weit besser bey einer geflissentlich zu diesem Zwecke verfertigten Sesselrahme; wo der Schatten auf ein Postpapier, oder besser, ein zartgeöltes und wohlgetrocknetes Papier fällt; wo man den Kopf und den Rücken fest anlehnen kann; der Schatten fällt aufs Oelpapier, dieß liegt hinter dem reinen flachen Glase, mit einer gevierten Rahme festgedrückt, die vermittelst einiger kleinen Schiebergen los und festgemacht werden kann.«

Um mich noch mehr zu üben, stelle ich mich vor die Bildnisse solcher Männer hin, deren Charakter oder Name mir unbekannt ist. Ich betrachte sie, messe sie, gehe weg, und komme wieder, und bediene mich dann wieder des in tausend Fällen so brauchbaren, und dennoch so wenig gebrauchten logischen Kunstgriffes, der Ausschließungsmethode. Ich fange an zu sagen, dieses Gesicht hat nichts blödes, zaghaftes, seichtes; nichts boshaftes, neidisches, argwöhnisches; nichts verschlagenes, zweydeutiges, und schiefes;

nichts, nun fehlen mir Worte zu mehrern *nichts*. Ich sehe also, daß ich mir allererst noch einen größern Vorrath von nüancirten Worten erwerben, daß ich eine reichere Sprache haben muß, und mehr charakteristische Zeichen.

Ich gehe also meine ganze Sammlung von Bildnissen wieder durch, und entwerfe allererst einen Nomenclator von allerhand Mienen, Affecten, Neigungen. Ich setze nach einander unter die Rubrik *Geist* die Wörter: tiefer Scharfsinn, Genie, Erfindungskraft, Beobachtungsfertigkeit, Feinheit, Heiterkeit, Feuer, Lebhaftigkeit, Schnelligkeit, Weisheit, Klugheit, Bedächtlichkeit, mittelmäßige Einsicht, vermischte Fähigkeit, Langsamkeit, Schwachheit, Seichtigkeit, Dummheit, Narrheit, Sinnlosigkeit, Tollheit. Ich bringe unter die Rubrik des *Herzens*: allgemeinste Güte, Großmuth, Menschenliebe, Freundlichkeit, Leutseligkeit, Bonhommie, Sanftmuth, Demuth, Bescheidenheit, Zufriedenheit, Andacht, Inbrunst, Gottesliebe, Selbstverleugnung, Gelassenheit, Gedult, Friedensliebe, Aufrichtigkeit, Treuherzigkeit, offnes Wesen, Natürlichkeit, Ungezwungenheit, Ruhe, Leidenschaftlosigkeit, Festigkeit, Standhaftigkeit, Herzhaftigkeit, Entschlossenheit, Heldenmuth, Unüberwindlichkeit, Unermüdlichkeit, Eigensinn, Hartnäckigkeit, Rauhigkeit, Wildheit, Bosheit, Argwohn, Neid, Stolz, Hochmuth, Eitelkeit, kindisches Wesen, Gleichgültigkeit, Leichtsinn, Unempfindlichkeit,. Hartherzigkeit, Unbarmherzigkeit, Grausamkeit, Unmenschlichkeit, Falschheit, Verstellung, Bitterkeit, Feindseligkeit, Rachsucht, Unversöhnlichkeit, Geiz, Diebsucht, räuberisches Wesen, Mordlust, Blutdurst, Schadenfreude, Schalkheit.

Ich durchgehe die Wörterbücher, die Sittenlehren, die Schriften der Menschenkenner, der Philosophen, nur um mein Register von Charakteren groß zu machen, und mit vielen Nüancen zu versehen. Mit diesen gehe ich dann erst wieder zu meinen Bildnissen hin, deren Originale mir unbekannt sind; ich lege sie auf die Wage, zähle meine *nicht dies, nicht jenes* beyseite, bis ich die Charaktere treffe, die sich für das Bildniß passen. Alsdann schlage ich in der Geschichte, und wo möglich in den Schriften oder Werken dieser Männer nach, und erkundige mich so genau als möglich um ihren intellectuellen und moralischen Charakter. Nun, wenn ich diese weiß, kehre ich wieder zu meinen Bildnissen zurück, und vergleiche, und suche den Hauptsitz eines jeden Ausdrucks wieder durch den Ausschließungsweg aus; ich vergleiche die Bildnisse mit mehrern, diese mit Lebenden.

Ich bediene mich noch eines andern Mittels. Oft zeichne ich nach der Natur, und gewinne auf diese Weise die vortrefflichste Gelegenheit zum Beobachten und Abmessen lebendiger Gesichter, und des ganzen Aeußerlichen. Bisweilen zeichne ich auch Profile oder Vordertheile des Gesichts auf ein bloßes Gerathewohl, und finde sodann manchmal, wenn ich mein Register dagegen halte, die charakteristischen Züge, die ich suche. Ich übe mich, um noch weiter zu kommen, Gesichter und menschliche Figuren nach Aufgaben, die ich mir selber mache, zu zeichnen. Ich gebe es mir auf, einen schlauen, einen geraden, ehrlichen, einen hochverständigen, und einen blöden Kopf neben einander zu zeichnen; und so gelänge ich endlich zur Classification; welche in meinem Kopfe Tag, und in meinem Gedächtnisse Platz macht. Insonderheit suche ich bey dieser Classification, die festen, beständigen, unverstellbaren, und dann die weichen Theile, die stille Lage, die Bewegung der Muskeln, die zufälligen, die beständigen Falten wohl von einander zu sondern.

Ich nehme die Beobachtung anderer zu Hülfe, ich lege ihnen meine Bildnisse, meine Zeichnungen vor; sie urtheilen; sie haben Ausdrücke, die ich nicht habe, und die passender sind als die meinigen; sie bemerken was ich nicht bemerket habe; ich lehre sie, und lerne noch mehr von ihnen. Und so gelänge ich endlich zu einer ziemlich ausgebreiteten und immer zuverläßigern Kenntniß, welche sich um so viel mehr erweitert, je mehr ich mit Menschen umgehe, beobachte, vergleiche, und das ganze Aeußerliche, und die Handlungen, Worte, und Leidenschaften des Menschen zusammen nehme.

Fünfter Abschnitt.

Eigenschaften und Charakter des Physiognomisten.

Ich setze zum voraus, daß das Ideal von jeder Wissenschaft oder Kunst zuerst, ohne Rücksicht auf die Würklichkeit, festgesetzt werden müsse. Die Staatskunst zeichnet das Ideal eines vollkommenen Staatsmanns; die Gottesgelehrsamkeit das Ideal oder höchste Urbild eines Gottesgelehrten; die Arzneykunst des Arztes, ohne sich zu bekümmern, ob ein solcher würklich vorhanden, oder würklich in concreto nach allen Umständen möglich sey; der, so diesem Ideal am nächsten kömmt, ist der vollkommenste. Ich zeichne also das Ideal eines Physiognomisten; das ist, ich zeichne ihn so, wie er mir am vollkommensten zu seyn scheinet; jedoch mache ich mir nur eine Vollkommenheit zum Augenmerke, die überhaupt möglich ist. Wer nur eine besondre Art der Physiognomik, zum Exempel nur die medicinische, studiren will, der hat denn freylich ein eingeschränkteres Ideal vor sich. Der vollkommne Physiognomist, der das Innere des Menschen aus seinem Aeußern kennen will, soll, nach meinem Bedünken, folgende Eigenschaften und Charaktere besitzen.

Er soll vor allen Dingen einen wohlorganisirten Körper und feine Sinne haben, welche schnell der ganzen Eindrücke von außen fähig, und geschickt sind, dieselben getreu bis zum Gedächtnisse, oder, wie ich lieber sagen wollte, zur Imagination fortzufahren, und den Fibern des Gehirns einzuprägen. Insonderheit muß sein Auge vorzüglich fein, hell, scharf, schnell und fest seyn.

Diese feinen Sinne müssen seinen Beobachtungsgeist bilden, und hinwiederum durch den Beobachtungsgeist ausgebildet und zum Beobachten geübt werden. Der Beobachtungsgeist muß Herr über sie seyn.

Wie viel man aus den Schattenrissen sehen kann?
»Man kann an jeder Silhouette 9. horizontale Hauptabschnitte bemerken.
[...] Jeder einzelne Theil dieser Abschnitte ist an sich ein Buchstabe, oft
eine Sylbe, oft ein Wort, oft eine ganze Rede – der Wahrheit redenden
Natur.« Karl Ulysses von Salis (1728-1800)

Beobachten ist die Seele der Physiognomik. Der Physiognomist muß also den feinsten, schnellesten, sichersten, ausgebreitetsten Beobachtungsgeist haben. Beobachten ist aufmerken. Aufmerken ist etwas aus einer Menge Gegenstände herausnehmen, und mit Beyseitsetzung aller andern insbesondere betrachten, und die Merkmale und Besonderheiten davon sich zergliedern; folglich unterscheiden. Beobachten, aufmerken, unterscheiden, ist das Werk des Verstandes. Der Physiognomist muß also einen scharfen, hohen, und ausnehmenden Verstand besitzen, um theils richtig zu beobachten, theils die gehörigen Folgen aus den Beobachtungen herzuleiten; nicht mehr und nicht weniger zu sehen, als sich der Beobachtung darstellt; nicht mehr und nicht weniger zu schließen, als richtige Prämissen in sich fassen.

Der Physiognomist muß eine sehr starke Imagination haben, und einen feinen, und schnellen Witz. Imagination, um sich alle Züge nett und ohne Mühe einzuprägen und zu erneuern; und Witz, um das Aehnliche darinn, und derselben Aehnlichkeit mit andern zugleich zu finden. Er sieht zum Exempel eine solche oder solche Nase, die etwas charakteristisches hat. Diese muß sich seine Imagination genau einprägen, und sich wieder darstellen können. Er muß eine Fertigkeit besitzen, Approximationen zu diesem charakteristischen Zuge sogleich zu bemerken. Auch zur Bildung und Erfindung der physiognomischen Sprache ist ihm der Witz, oder die Fertigkeit Aehnlichkeiten zu entdecken, unentbehrlich. Der Physiognomist muß die Sprache vollkommen in seiner Gewalt haben. Er muß sogar im Stande seyn, dieselbe zu erweitern und mit lebendigen und bestimmten Ausdrücken zu bereichern. Alle Reiche der Natur müssen ihm Bilder, alle Magazine der Wörter müssen ihm Ausdrücke leihen.

Er muß ferner eine nicht gemeine Fertigkeit im Zeichnen und Mahlen besitzen, wodurch er sich unzählige schlechterdings mit Worten unbeschreibliche Nüancen aufbehalten und darstellen kann. Er muß schnell, richtig, charakteristisch zeichnen, und wenn er ein vollkommener Meister seyn will, mahlen können, und das Colorit so sicher besitzen, als er in der Zeichnung fest seyn muß.

Er muß die Anatomie des menschlichen Körpers, wenigstens derjenigen Theile, welche sich dem Gesichte darstellen, richtig verstehen; die Proportion aller menschlichen Gliedmaßen genau kennen; und das höchste Ideal eines vollkommenen Körpers wohl inne haben, nicht nur um jede Unregelmäßigkeit sowohl in den festen als in den muskulösen Theilen, sogleich zu bemerken; sondern auch um alle diese Theile leicht benennen zu können, und also seine physiologische Sprache zu bereichern. Eben so vollkommen muß er die Physiologie, oder die Lehre von der Vollkommenheit des menschlichen gesunden Körpers inne haben. Er muß ferner die Temperamente genau kennen; nicht nur die äußerlich durch die verschiedenen Blutmischungen bestimmten Farben des Körpers, sein Air, u.s.f. sondern auch die Bestandtheile des Geblüts und die verschiedene Proportion derselben, vorzüglich aber die äußerlichen Zeichen der Beschaffenheit des ganzen Nervensystems wissen, worauf bey der Erforschung der Temperamente unendlich mehr ankommt, als auf die Kenntniß des Blutes. Er muß auch insonderheit ein geübter Kenner des menschlichen Herzens, der Welt, der Gewohnheiten, und Gebräuche seyn; um zu wissen, wie viel Antheil das Herz, die Gesetze, die Lebensart, die Würkungen der Angewohnheiten, an der Gesichtsbildung und den Gebehrden des Menschen haben.

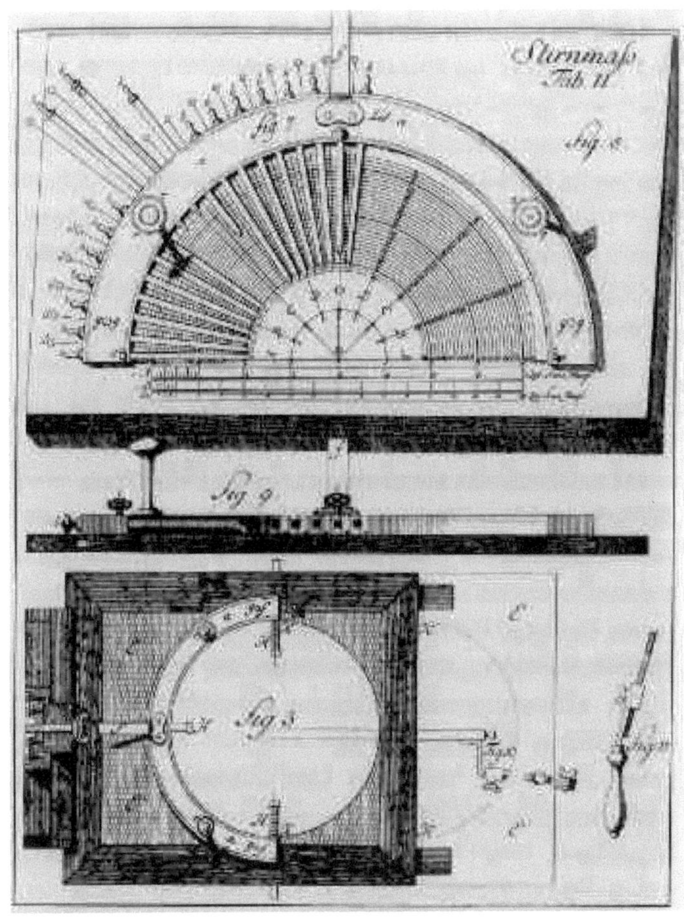

Stirnmaaß.
»Je genauer sich die Umrisse des menschlichen Kopfes bestimmen lassen,
desto wissenschaftlicher und sicherer wird die Physiognomik.«

Sein Charakter muß, wenn seine Wissenschaft nicht ihm zur
Quaal, und seinen Nebenmenschen nicht zum Nachtheil gereichen
soll, recht gut, sanft, unschuldig, und liebreich seyn. Liebe muß ihm
die Augen öffnen, muß seine Blicke schärfen, Züge der Tugend,
Ausdrücke edler Gesinnungen zu sehen, und sogleich zu entdecken. Keine Passionen müssen ihn blenden; Feindschaft, Stolz,

Neid, Eigennutz müssen fern von ihm seyn. Sonst wird er Fehler lesen, wo sie nicht sind, und unedle Leidenschaften nach Belieben vermuthen, und andichten. Wer eine Aehnlichkeit mit seinem Feinde hat, der wird alle die Fehler und Laster an sich haben müssen, die seine gekränkte Eigenliebe dem Feinde selbst aufbürdet; er wird alle schöne Züge übersehen; die schlechtern verstärken, und allenthalben Carricatur und Unregelmäßigkeit wahrnehmen. Er muß den Charakter jener Apostel und ersten Christen haben, die die Gabe besaßen, die Geister zu unterscheiden, und die Gedanken der Seele zu lesen.

Der Physiognomist verbindet also mit einem wohlorganisirten Körper, mit einem feinen Beobachtungsgeiste, mit einer lebhaften Einbildungskraft, und mit andern nöthigen Fertigkeiten, ein sanftes, heiteres, unschuldiges, von menschenfeindlichen Leidenschaften freyes Herz. Gewiß versteht niemand die Blicke der Großmuth und die Züge erhabener Eigenschaften, als wer selber großmüthig, edel, und erhaben denket.

Hundert physiognomische Regeln

I.

Allgemeine Regeln.

Ist der erste Moment, da dir ein Mensch erscheint, und zwar im rechten Lichte, ganz vortheilhaft für ihn; verschob sein erster Eindruck nichts in dir; wurdest du durch ihn auf keine Weise gedrückt, oder geniert; fühltest du dich in seiner Gegenwart sogleich und immer froher und freyer, lebendiger und mit dir selbst, auch wenn er dir nicht schmeichelte, auch wenn er nicht mit dir sprach, zufriedner, so sey sicher – der wird bey dir, in sofern niemand zwischen Euch steht, nie verlieren, immer gewinnen. Die Natur hat Euch für einander gebildet. Ihr werdet einander mit sehr wenigem sehr vieles sagen können... Studiere nur genau und bezeichne die sprechendsten Züge.

II.

Allgemeine Regeln.

Sehr viele gewinnen, je mehr sie gekannt sind; sie gefielen nicht im ersten Momente.

Es muß ein Grund der Disharmonie zwischen dir und ihnen seyn, daß sie dir anfangs nicht ganz einleuchteten; und ein Grund der Harmonie, warum sie dir mit jedem Male mehr einleuchteten.

Suche genau den Zug, der nicht mit dir harmoniert; findest du ihn nicht in dem Munde, so fürchte dich nicht zu sehr! Findest du ihn dort, so beobachte genau, in welchen Momenten, bey welchen Veranlassungen er sich am klarsten zeigt.

III.

Allgemeine Regeln.

Wer sich am ungleichsten und gleichsten ist, das ist, so mannichfaltig und so einfach, wie möglich; so veränderlich und unveränderlich, so harmonisch, wie möglich, bey aller Lebendigkeit und Wirksamkeit, wessen bewegteste Züge den Charakter des festen Ganzen nie verlieren, sondern demselben konform sind, der sey dir heilig! Aber wo du das Gegentheil, auffallenden Widerspruch zwischen dem festen Fundamental-Charakter und den beweglichen Zügen wahrnimmst, da sey zehnfach vorsichtig auf deiner Hut – da ist – Narrheit oder Schiefsinn.

IV.
Allgemeine Regeln.

Bemerkt die blitzschnellen Momente der völligsten Ueberraschung. Wer in solchen seine Gesichtszüge günstig und edel bewahren kann; wem in solchen kein fataler Zug entwischt, kein Zug der Schadenfreude, des Neides, des kaltverachtenden Stolzes, dessen Physiognomie und dessen Charakter werden jede Probe aushalten, die man über sterbliche und sündige Menschen darf ergehen lassen.

V.
Allgemeine Regeln.

Sehr klug, oder sehr kalt, oder sehr dumm, nie aber wahrhaft weise, nie ächt-lebendig, nie fein-empfindsam, nie zärtlich sind diejenigen, deren Gesichtszüge sich nie merkbar verändern.

Sehr klug, wenn ihre Gesichtszüge wohl proportioniert – genau bestimmt, scharf prononziert sind.

Sehr dumm, wenn die Gesichtszüge flach, ohne Nüance, ohne Charakter, ohne Beugung oder Schweifung sind.

VI.
Allgemeine Regeln.

Wessen Figur schief –

Wessen Mund schief –

Wessen Gang schief –

Wessen Handschrift schief ist, das ist, nach ungleichen, sich durchkreutzenden Direktionen geht –

Dessen Denkensart, dessen Charakter, dessen Manier, zu handeln, ist schief, inkonsequent, einseitig, sophistisch, falsch, listig, launisch, widersprechend, kaltschalkhaft, hartgefühllos.

VII.
Stirn.

Wenn eine schön-gewölbte Stirn, in der Mitte zwischen den Augbraunen, besonders, wenn die Augbraunen markiert, gedrängt,
regulär sind, eine leicht sichtbare, perpendikuläre, nicht gar zu lange – oder zwo parallele Falten dieser Art hat, so gehört sie sicher zu
den Stirnen erster Größe. Solche Stirnen sind nur zuverläßig klugen
und männlich-reifen Charaktern eigen; und wenn sie sich an Frau-
ens-Personen finden, so wird man schwerlich was klügeres, honnet-
teres, königlich-stolzeres und bescheideneres finden.

VIII.
Stirn.

Jede Stirn ist schwachsinnig, die in der Mitte, und untenher, eine,
auch nur kaum merkbare länglichte Höhlung hat, mithin selbstläng-
licht ist – ich sage, eine kaum merkbare – sobald sie merklich ist,
ändert sich alles.

IX.
Stirn.

Länglichte Stirnen, mit scharf-angezogner, Faltenloser Stirnhaut,
wo auch bey seltener Freude keine lieblich-lebendige Falte sich
äußert, sind kalt, hämisch, argwöhnisch, bitter, eigensinnig, überläs-
tig, prätentiös, kriechend, und können wenig vergeben.

X.
Stirn.

Stark vorgebogne, oben sehr zurückliegende Stirnen, mit bogigen
Nasen, und länglichtem Untertheile des Gesichtes – schwindeln
immer an der Narrheit Abgrunde.

XI.
Stirn.

Jede, oben vorwärts sinkende, unten gegen das Auge eingehende
Stirn, an einem ausgewachsenen Menschen, ist ein sicheres Zeichen
unheilbarer Imbezilität.

XII.

Stirn.

Wie weniger Buchten, Wölbungen, Vertiefungen, wie mehr einfache Flächen, oder geradlinigt-scheinende Umrisse an einer Stirn wahrzunehmen sind, desto gemeiner, mittelmäßiger, Ideenärmer, Erfindungsunfähiger ist die Stirn.

Noch nicht sehr klug ist 4, doch etwas klüger als 3, 3 klüger als 2, 2 als 1.

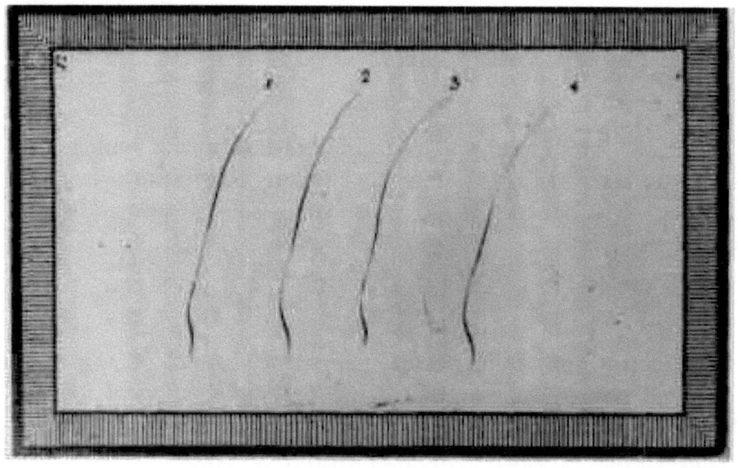

12. Stirn.

»*Noch nicht sehr klug ist 4, doch etwas klüger als 3, 3 klüger als 2, 2 als 1.*«

XIII.

Stirn.

Es giebt schön-gewölbte Stirnen, die beynahe groß und genialisch scheinen, und dennoch beynahe närrisch, und nur halbklug sind; an dem Mangel, oder an der Wildheit und Verworrenheit der Augbraunen entdeckt man ihre Klugheits-Aefferey.

XIV.

Stirn.

Lange Stirnen, oben mit etwas sphärischen Knotten, sind gemeiniglich nicht sehr zurückgehend; haben immer einen untrennbaren, dreyfachen Charakter – genialische Blicke, mit wenig ruhig zergliederndem Verstande – Starrsinn mit Wankelmuth; Kälte mit Heftigkeit – darneben haben sie was Feines und Edles.

XV.
Stirnfalten.

Schiefe Falten in der Stirn, besonders wenn sie ungefehr parallel sind, oder scheinen, sind sicherlich ein Zeichen eines armseligen, schiefen, argwöhnischen Kopfes.

XVI.
Stirnfalten.

Parallele, reglierte, nicht gar zu tiefe Stirnfalten, oder parallel gebrochne, findet ihr selten anderswo, als bey sehr verständigen, weisen, redlichen und geradsinnigen Menschen.

XVII.
Stirnfalten.

Stirnen, deren obere Hälfte mit merklichen, besonders zirkelbogigen Falten durchfurcht, deren untere Hälfte flach und faltenlos ist, sind ganz zuverläßig dumm, und aller Abstraktionen beynahe unfähig.

XVIII.
Stirnfalten.

Stirnfalten, die bey der geringsten Bewegung der Stirnhaut in der Mitte sich tief abwärts senken, sind der Schwachheit schon sehr verdächtig.

Sind die Züge stehend, tief eingegraben, sehr tief herabsinkend, so zweifelt nicht an Geistesschwäche, oder Stüpidität, mit Kleinsinn und Geitz gepaart.

Merkt aber wohl, daß die Talentreichsten Genies eine Linie, die in der Mitte sich merklich abwärts senkt, unter drey beynahe Horizontal-Parallelen zu haben pflegen.

XIX.
Stirnfalten.

Verworrene, stark gegrabene, gegen einander streitende Falten in der Stirn – sind immer ein sicheres Zeichen eines rohen, verworrenen, und schwer zu behandelnden Charakters.

Zwischen den Augbraunen noch eine gevierte Fläche – oder eine thorförmige, faltenlose Breite, die faltenlos bleibt, wenn um sie her sich alles roh furcht – o, da ist ein sicheres Zeichen der höchsten Schwachheit und Verworrenheit.

XX.
Stirnfalten.

Roh, derb, indelikat-argwöhnisch, ehrgeitzig, bey manchen guten Eigenschaften, sind alle – in deren Stirnen sich

scharfe,

verworrene,

schiefe

Falten formen, wenn sie, seitwärts schielend, scharf-lauernd, mit verschobenem Munde horchen.

XXI.

Augen.

Augen, die sehr groß, und zugleich äußerst blauhell, beynahe durchsichtig sind, wenn sie im Profil angesehen werden, sind von leichter und großer Capazität; aber zeigen zugleich äußerst empfindliche, schwer zu behandelnde, argwöhnische, eifersüchtige, sehr leicht gegen jemand einzunehmende Charakter an; auch sind sie von Natur, wie zur Wollust, so zur Ausforschungs-Begierde sehr geneigt.

XXII.

Augen.

Kleine, schwarze, hellfunkelnde Augen – unter starken, schwarzen Augbraunen – tiefliegend, bey spöttischem Lächeln; sind selten ohne Schlauheit, Tiefblick, Feinanstelligkeit; – sind sie ohne spöttischen Mund, so sind sie tiefsinnig kalt, Geschmackvoll, elegant, genau – und – mehr zum Geitz, als zur Generosität geneigt.

XXIII.

Augen.

Augen, die, im Profil anzusehen, mit dem Profil der Nase beynahe gleich laufen, ohne jedoch (*à fleur de tête*) vorzustehn, und unter den Augenliedern sich vorzudrängen – zeigen immer eine schwache Organisation, und wenn nicht entscheidende Gegenzüge sind, blöde Geisteskräfte.

XXIV.

Augen.

Augen, die keine Falten, oder sehr viele kleinliche, lange Falten werfen, wenn sie sich fröhlich oder liebend zeigen wollen, sind immer nur an kleinlichen, blöden, schwachmüthigen Charaktern, oder total Imbezilen zu sehen.

XXV.

Augen.

Augen mit langen, spitzen, besonders horizontalen Winkeln – das ist, solchen, die nicht abwärts gehen – mit dickhautigen Deckeln, welche den Augapfel halb zu bedecken scheinen, sind sanguinisch genialisch.

XXVI.
Augen.

Augen, die groß, offen, helldurchsichtig, unter parallelen, scharf gezeichneten Oberaugliedern schnell-beweglich funkeln, – haben sicherlich allemal fünf Eigenschaften –

Schnellen Scharfblick,

Eleganz und Geschmack,

Zornmüthigkeit,

Stolz, und

Furiose Weiberliebe.

XXVII.
Augen.

Augen mit schwachen, schmalen, kahlen Augbraunen, und sehr langen, hohlen Wimpern, zeigen – theils schwächliche Leibs-Disposition, theils phlegmatisch-melancholische Geistesschwäche.

XXVIII.
Augen.

Ruhend-kräftige, schnell-treffende, sanft-durchdringende, wolkigt-serene, schmachtende, schmelzende, langsam sich bewegende Augen; Augen, die hören, indem sie sehen, geniessen, schlürfen, ihren Gegenstand gleichsam mit sich selbst tingieren und kolorieren, ein Medium des wollüstigsten und geistigsten Genusses sind – sind nie sehr rund, nie ganz offen, nie tiefliegend, oder weit hervorstehend, nie stumpfwinklicht, oder abwärts spitzwinklicht.

XXIX.
Augen.

Tiefliegende, kleine, scharf-gezeichnete, glanzlose, blaue Augen unter einer beinernen, beynahe perpendikularen Stirn, die unten sich etwas tief einsenkt, obenher merklich vorwärts rundet – sind zwar nur an scharfsinnigen und klugen, doch meistentheils stolzen, argwöhnischen, harten und kaltherzigen Charaktern wahrzunehmen.

XXX.
Augen.

Wie mehr das obere Augenlied, die Haut unten über dem Augapfel, vorstehend und abgeschnitten scheint, den Augstern beschattet, oben sich unter den Augknochen zurückschiebt; desto mehr Geist, Feinsinn, Verliebsamkeit, genialischer Geschmack; treusinnige, beherzte, zuverläßige Delikatesse.

XXXI.
Augen.

Augen, die in dem Momente – da sie sich mit dem heiligsten Gegenstande der Adoration beschäftigen, nicht venerabel sind, nicht Ernst und Ehrfurcht einflößen, wenn sie unbemerkt bemerkt werden – werden nie Ansprüche weder auf Schönheit, noch Empfindsamkeit, noch Geistigkeit machen können. Traut ihnen nie! Sie können nicht lieben, nicht geliebet werden – Kein Gesichtszug voll Wahrheit und Kraft kann neben ihnen statt haben.

Und welches sind solche Augen? Unter andern – alle sehr weit hervorrollende, bey schiefen Lippen – alle tiefliegenden Kleinen, unter hohen, perpendikulären, hartknöchernen Stirnen – mit Schädeln, die von der Scheitel bis zum Haarwuchs steil abgehen.

XXXII.
Augen.

Augen, die den ganzen Stern, und über und unter dem Stern noch weißes zeigen – sind entweder in einem gespannten, unnatürlichen Zustande; oder finden sich nur an unruhigen, leidenschaftlichen, halbnärrischen, nie an ganz korrekten, reifen, gesundgeistigen, ganz zuverläßigen Menschen.

XXXIII.
Augen.

Gewisse, weit offene, vorrollende Augen bey faden Gesichtern sind eigensinnig ohne Standhaftigkeit, dumm mit Prätension von Weisheit, kalt, und wollen gern warm scheinen, und sind höchstens hitzig, ohne einwohnende Wärme.

XXXIV.
Augenbraun.

Eine nette, dichte, dachförmige, schattende Augbraun, an welcher
keine wilde Auswüchse vorstehen, ist immer ein zuverläßiges Zeichen eines gesunden, männlich-reifen Verstandes; selten von origi-
nellem Genie; nie von volatiler, duftiger, amoroser Innigkeit und
Geistigkeit.... Staatscabinets-Männer, Rathgeber, Planmacher, Prü-
fer, aber sehr selten kühne, fliegsame Wagegeister der ersten Größe.

XXXV.
Augenbraun.

Horizontale Augenbraunen, dicht, reich, nett – zeigen immer Verstand, Kälte des Herzens, planreichen Sinn. Wilde Augenbraunen
sind nie an einem sanften, horchsamen, schmiegsamen Charakter.

Hoch über den Augen schwebende, kurze, dichte, unterbrochene,
nicht lange, nicht breite – sind meistentheils bey Gedächtnißreichen,
schlauen, schmiegsamen, frömmelnden Charaktern.

XXXVI.
Augenbraun.

Dichte, schwarze, starke, abwärtssinkende Augbraunen, die auf
den Augen hart anzuliegen scheinen, tiefe, große Augen beschatten,
und von einer scharf eingeschnittenen, ununterbrochenen, langen
Wangenfalte, die bey der leisesten Bewegung Verachtung, Trotz,
kalten Hohn zeigt, begleitet sind, und über sich eine sichtbar knö-
cherne Stirn haben – sind nur als Rathgeber – wenn man sich rächen, oder sich die Wolfslust des Wehethuns machen will, zu brau-
chen; sonst so ausweichend, wie möglich; und das Ausweichen so
verbergend, wie möglich, zu behandeln.

XXXVII.
Nase.

Eine physiognomisch-gute Nase wiegt unaussprechlich viel in
der Waage der Physiognomik – Sie kann durch nichts, was es sey,
überwogen werden. Sie ist die Summe der Stirn, und die Wurzel
des Untertheils des Gesichts. – Ohne zarte Beugungen, kleine Brü-
che, oder merkbare Schweifungen, giebt es keine physiognomisch-
gute oder geistig-große Nase.

Ohne kleine Einsenkung, oder Vertiefung beym Uebergang der Stirn zur Nase – es sey dann, daß die Nase stark gebogen sey – denkt an keine physiognomische Größe der Nase.

XXXVIII.
Nase.

Sehr abwärts sinkende Nasen sind nie wahrhaft gut, wahrhaft froh, oder edel, oder groß. Immer sinnen sie Erdwärts, sind verschlossen, kalt, unherzlich, unmittheilsam, oft boshaft-witzig, übellaunig, oder tief hypochondrisch, oder melancholisch; obenher gebogen, furchtbar, wollüstig.

XXXIX.
Nase.

Nasen, die vornen etwas aufwärts gehen, und bey der Wurzel merklich vertieft sind, unter einer mehr perpendikulären, als zurücksinkenden Stirn – sind von Natur geneigt zur Wollust, Bequemlichkeit, Eifersucht, Eigensinn, dabey aber können sie feinsinnig, redlich, Gaabenreich, gutmüthig seyn.

XL.
Nase.

Nasen ohn' allen auffallenden Charakter, ohne Nüance, ohne Beugung, ohne Undulation, ohne einige angebliche Bezeichnung – können zwar bey vernünftigen, guten, allenfalls auch edeln Charaktern gefunden werden, nie bey großen und vorzüglichen.

XLI.
Nase.

Nasen, an beyden Seiten mit vielen Einschnitten, die bey der geringsten Bewegung sichtbarer werden, und bey der völligsten Ruhe nicht ganz unsichtbar sind – sind ein Zeichen eines schwerfälligen, drückenden, oft hypochondrischen, oft boshaft-schalkhaften Sinnes.

XLII.
Nase.

Nasen, die sich leicht und alle Augenblicke rümpfen, sind so wenig an ächt-guten Menschen – als Nasen, die sich kaum rümpfen könnten, wenn sie auch wollten, an erzbösen Menschen zu finden seyn werden.

Wenn die Nasen, die sich nicht nur leicht rümpfen, sondern schon eingegrabne Rümpfe haben, an guten Menschen gefunden werden – so sind diese gutgesinnten Menschen Halbnarren.

XLIII.
Nase.

Aufgeworfne Nasen an rohen, cholerischen Menschen, unter hohen, dennoch unten vorgebognen, verständigen Stirnen, bey verhängender Unterlippe – sind gemeiniglich unerträglich hart, und furchtbar despotisch.

XLIV.
Nase.

Hundert aufgestülpte Nasen sind an sehr klugen, besonders talentreichen Köpfen – sobald aber die Nase sehr klein ist, und eine (uneigentliche) Oberlippe hat, oder sie einen gewissen Grad der Stumpfheit überschreitet, so kann kein andrer Zug des Gesichts sie rektifizieren.

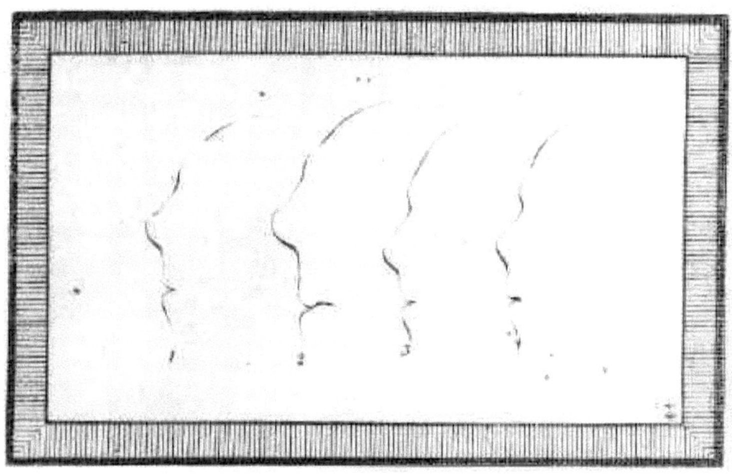

44. Nase.
»Hundert aufgestülpte Nasen sind an sehr klugen, besonders talentreichen
Köpfen –«

XLV.
Wangenzug.

Der Zug vom Naseläppchen gegen das Ende des Mundes ist einer der bedeutsamsten.

Von seiner Schweifung, seiner Länge, seiner Nähe oder Entfernung vom Munde hängt die Sichtbarkeit des ganzen Charakters ab.

Ist er bogenförmig, ohne Nüance und Undulation, so ist es ein sicheres Zeichen von Dummheit.

So auch, wenn sein Aeußerstes, ohne Zwischenraum, an's Ende der Lippe gränzt.

So auch, wenn er sich vom Ende der Lippe weit entfernt.

XLVI.
Wangenzug.

Wenn bey'm Lächeln sich drey parallele, zirkelförmige Bogen bilden, so sind Fonds von Narrheit in dem Charakter eines Menschen.

Mund.

Jeder Mund, der völlig einmal so breit ist, als das Auge, ist der Mund eines Dummkopfs – das heißt, von der Spitze gegen die Nase, bis an's innere End' des Augapfels; beyde Breiten nach demselben flachen Maaße gemessen.

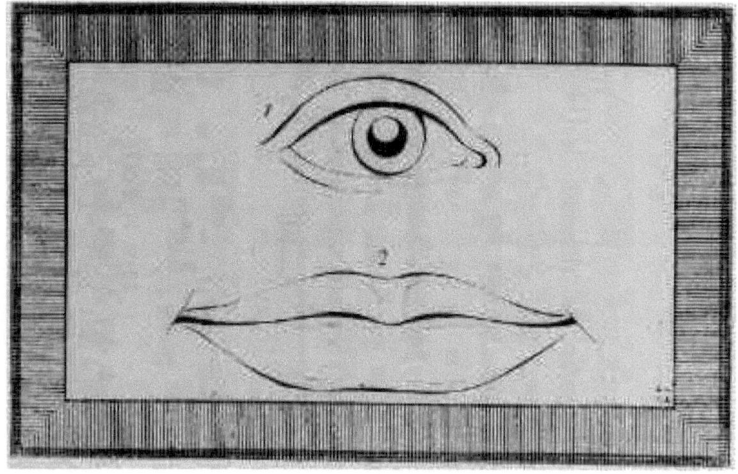

47. *Mund.*
»Jeder Mund, der völlig einmal so breit ist, als das Auge, ist der Mund
eines Dummkopfs –«

XLVIII.
Mund.

Wenn die Unterlippe mit den Zähnen die Hälfte der Mundbreite im Profil horizontal vorsteht, so rechnet, je nach den übrigen Nüancen, auf eins von allen vieren, oder auf alle vier –

Dummheit, Rohheit, Schalkheit, Geitz.

XLIX.
Mund.

Nimm nie nichts an, wider einen Menschen, der schweigend und sprechend, horchend und fragend, antwortend und erzählend, lachend und weinend, trauernd und fröhlich – einen, entweder gratiosen, oder doch arglosen Mund hat, der immer in schöner Proportion bleibt, und nie einen fatalen Schalkszahn sehen läßt – Wer aber mit den Lippen, besonders der einen Hälfte der Oberlippe zittert, und dies Zittern zu verbergen sucht, dessen Spott kann dir zwar lehrreich, aber er wird tief-verwundend für dich seyn.

L.

Mund.

Alle Disproportion zwischen Ober- und Unterlippe ist ein Zeichen der Narrheit oder Bosheit.

Die weisesten und beßten Menschen haben proportionierte Ober- und Unterlippen.

Gar große, auch proportionierte Lippen, zeigen immer einen krassen, sinnlichen, indelikaten – auch wohl dummen oder boshaften Menschen.

LI.

Mund.

Wer Verachtung auf den Lippen hat, der hat keine Liebe im Herzen.

Wessen Lippen Ende sich merklich und geschweift abwärts senken, der hat Verachtung auf den Lippen, und Lieblosigkeit im Herzen – besonders, wenn die Unterlippe größer und verhängender ist, als die obere.

LII.

Lippen.

Wie die Höhle in der Mitte der Unterlippe, bey einem sonst nicht geistlosen Menschen; so die Laune, so die witzreiche Schalkheit, so die Kälte des Herzens, so die lauernde Arglistigkeit.

LIII.

Mund.

Wenn bey einem sonst geistreichen und kraftvollen Menschen unfern vom Mittelpunkt der Mittellinie des Mundes eine Oeffnung ist, die sich kaum oder gar nicht schließt, und den Zahn sehen läßt, auch wenn der Mund beschlossen ist – so ist dies ein Zeichen kalter, unbarmherziger Strenge, hohnlachender Bosheit, die sich wohlthut durch Wehethun.

LIV.
Mund.

Scharf-gezeichnete, lippenlose, sich an den Enden aufwärts ziehende Mittellinie des Mundes, unter einer im Profil anzusehenden, bogigen (uneigentlichen) Oberlippe, von der Nase an gerechnet, sind selten anders, als bey schlauen, aktifen, industriosen, kalten, harten, schmeichelnden, und terrassierenden – Geitzhälsen.

LV.
Mund.

Der ist sicherlich böse, der lacht, oder das Lachen zu verbergen strebt, wenn von Leiden eines Armen, oder den Fehlern eines Guten die Rede ist.

Solche haben gemeiniglich wenig Ober- oder Unterlippe, eine scharf-geschnittene Mittellinie des Mundes die an beyden Enden sich unangenehm aufwärts ziehet, und furchtbare Zähne.

LVI.
Mund.

Ein kleiner, schmaler Mund, unter einem kleinlichen Nasloch, und einer zirkelbogigen Stirn, ist immer leicht erschreckbar, furchtsam-blöde, schwach-eitel und unberedt – Kommen große, hervorstehende, unhelle Augen dazu, und ein ablanges, beinernes Kinn, so dürft ihr – besonders bey offnem Munde – des Blödsinns noch sicherer seyn. Doch, ist's nur beynahe so, so sind die Charakter häuslich, brauchbar und fromm.

LVII.
Kinn.

Wenn das Kinn dezidiert-klug ist, so hast du sicherlich einen ganz klugen.

Das Kinn ist dezidiert-klug, das in der Mitte etwas eingebogen oder gebrochen ist; dessen unterer Theil etwas vorsteht, und das mit verschiedenen Nüancen, Einkerbungen, Zügen markiert, und unten in der Mitte etwas vertieft ist.

Ein langes, breites, grobes Kinn – ich rede vom beinernen Kinne – ist nur an rohen, harten, stolzen und gewaltthätigen Menschen.

LVIII.
Stirn und Mund.

Sieh auf die Stirn mehr, als auf alles andere, wenn du das wissen willst, was der Mensch von Natur ist, oder nach seiner Natur werden kann – und auf seinen ruhenden, beschlossnen Mund, wenn du wissen willst, was er worden ist. – Der offne Mund zeigt den gegenwärtigen Moment der Habitualität. Ein ruhig, unangespannt, zwanglos beschlossener Mund, mit proportionierten Lippen, unter einer charakteristischen, zurückgehenden, zarten, sanften und beweglich-hautigen, schön-linierten, nicht scharf gefurchten Stirn, sey dir ein Heiligthum.

LIX.
Dummheit.

Jedes Gesicht ist dumm, dessen Mund im Profile so breit ist, daß die Entfernung des Auges, vom obern Auglied an gerechnet, bis zur äußersten Spitze des Mundes, diese Breite nur zweymal hat.

LX.
Dummheit.

Jedes Gesicht ist dumm, dessen Untertheil, von der Nase an gerechnet, sich durch die Mittellinie des Mundes in zwey gleiche Theile theilet.

LXI.

Dummheit.

Jedes Gesicht ist dumm, dessen Untertheil, von dem Ende der Nase an gerechnet, weniger, als den dritten Theil des Gesichts ausmacht; ist's nicht dumm, so ist's närrisch.

LXII.

Dummheit. Jedes Gesicht ist dumm, dessen fester Untertheil beträchtlich mehr, als einen der zwey obern Theile ausmacht.

LXIII.

Dummheit.

Wie stumpfer der Winkel ist, den das Profil des Auges mit dem Mund, im Profile betrachtet, formiert, desto schwächer und dümmer ist der Mensch.

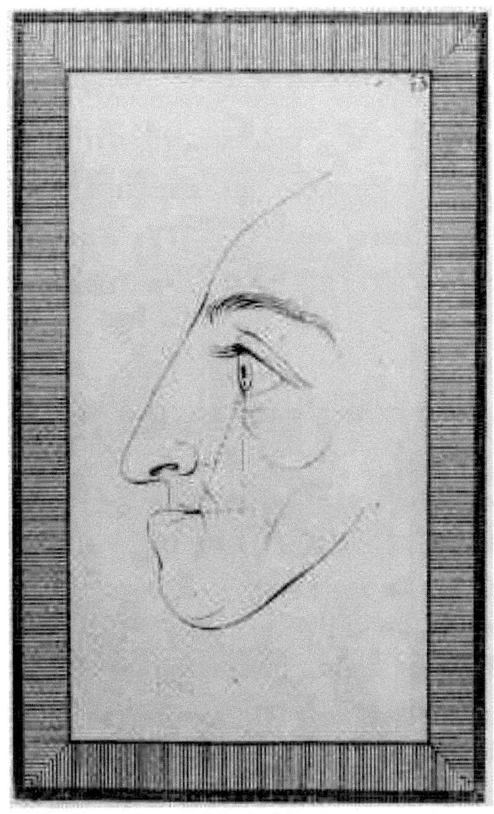

63. Dummheit.

»Wie stumpfer der Winkel ist, den das Profil des Auges mit dem Mund, im Profile betrachtet, formiert, desto schwächer und dümmer ist der Mensch.«

LXIV.

Dummheit.

Jedes Gesicht ist von Natur dumm, dessen Stirne, mit einem weich-anliegenden Maaße gemessen, beträchtlich kürzer ist, als die Nase, von dem Ende der Stirne auf dieselbe Weise gemessen, wenn auch das perpendikuläre Maaß dieselbe Länge hätte.

LXV.

Dummheit.

Jedes Gesicht ist dumm, was vom Augwinkel an, bis mitten an den Nasenflügel, kürzer ist, als von dort zur Mundspitze.

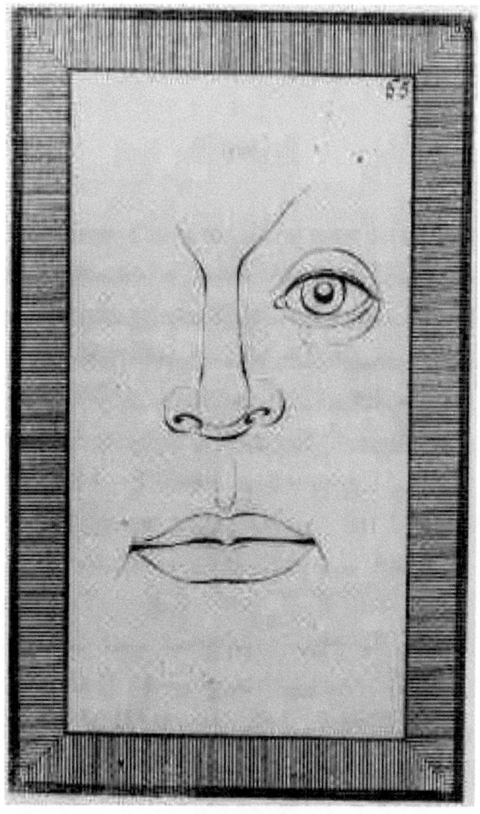

65. Dummheit.

»Jedes Gesicht ist dumm, was vom Augwinkel an, bis mitten an den Na-
senflügel, kürzer ist, als von dort zur Mundspitze. «

LXVI.

Dummheit.

Jedes Gesicht ist dumm, dessen Augen merklich weiter, als eine Augenbreite, von einander abstehen.

LXVII.
Narr.

Wer mit schiefer Lippe zwecklos lächelt; wer oft isoliert ohne bestimmte Tendenz und Direktion steht; wer mit aufrechtem Körper, wenn er grüßt, nur den Kopf vorwärts nickend bewegt – ist ein Narr.

LXVIII.
Vielseitige Charakter.

Kurze, perpendikuläre, oben knottige, stark und verworren gefurchte, zwischen den Augbraunen flache Stirnen; große, helle, vorstehende, blaugraue Augen; kleine Nase; lange (uneigentliche) Oberlippe; blasse Farbe; ruhelose Lippen, fand' ich an verständigen, Gedächtnißreichen, aktifen, intriganten, vielseitigen bald gutherzigen, bald derbstrengen, bald sehr hell-, bald äußerst schiefsehenden Menschen.

LXIX.
Sophisten, Schälke.

Kleine, matte, schlecht gezeichnete Augen, mit lauerndem Blicke; eine bleyfarbige Gesichtshaut; flache, kurze, schwarze Haare; eine aufgeworfene Nase; eine mächtig vorstehende, aufwärtsstehende Unterlippe – unter einer wohlgebauten, verstandreichen Stirn – werdet ihr selten anderswo finden, als an erz-schiefen, infamen Sophisten, bösen Erzzänkern; listig-schalkhaften, kabbalisierenden, argwöhnischen, eigennützig-niedrigen, abominabeln Menschen.

LXX.
Eigensinn.

Je höher die Stirn, und je klein-scheinender dagegen der übrige Theil des Gesichts – je knottiger die hohle Stirn, je tiefer das Auge, je weniger Vertiefung zwischen Stirn und Nase, je beschlossner der Mund, je breiter das Kinn – je perpendikulärer das längliche Gesichts-Profil – desto unbiegsamer der Eigensinn, desto härter der Charakter.

LXXI.
Weiber.

Nicht der tausende Theil von dem, was beobachtet wird, darf dem Papiere vertraut werden. – Eitelkeit oder Stolz ist der allgemeine Charakter aller Weiber. – Man darf nur Eins von beyden beleidigen, um Züge zu sehen, die uns auf den Abgrund ihres Charakters blicken lassen. Diese Züge zeigen sich seltener in der Stirn, als in den Nasenflügeln, dem Naserümpfen, Wangenfalten und den Lippen, besonders im Lächeln.

LXXII.
Weiber.

Kein schnippisches Weib taugt zur Freundschaft – und – schnippisches Wesen kann kein Weib, wie klug oder listig sie sey, verbergen. Betrachte nur die Bewegung ihres Nasenflügels und ihrer Oberlippe im Profil, wenn von einer Rivalin, oder Nichtrivalin – die Sensation macht – die Rede ist.

LXXIII.
Weiber.

Weiber mit braunen, behaarten, oder borstigen Warzen am Kinn, besonders am Untertheile des Kinnes, oder am Halse – sind zwar gemeiniglich wacker, thätig, gute Hausmütter, aber äußerst sanguinisch, und bis zur Narrheit, ja zur Tollheit verliebt. Sie schwatzen viel, und schwatzen gern nur von Einem. Sie dringen sich leicht auf, und sind sehr schwer wieder wegzubringen. – Man muß sie sehr schonend und ruhig-freundlich behandeln, und sie, mit sanft-kalter Würde, immer drey Schritte vom Leib' entfernt zu halten suchen.

LXXIV.
Weiber.

Ist der Gang eines Weibes fatal, entschieden fatal, nicht nur unangenehm, sondern impetuos, schief, ohne Würde, verächtelnd, seitwärts vordrängend – so reitze dich weder eine Schönheit an ihr, noch täusche dich ihr Verstand, noch locke dich ihr Vertrauen. – Ihr Mund wird seyn, wie ihr Gang, und ihr Betragen hart und falsch, wie ihr Mund. Sie wird dir für alles, was du ihr thust, nicht danken, und für das Geringste, was du unterlässest, sich fürchterlich rächen.

– Vergleicht Gang und Stirnlinien, Gang und Falten um den Mund;
ihr werdet über der Harmonie zwischen beyden erstaunen.

LXXV.
Weiber.

Weiber mit rollenden Augen, zart-beweglicher, faltenreicher,
schlaffer, beynahe hängender Haut, gebogner Nase, röthlichen
Wangen, selten stillem Munde, merklichem Unterkinne, wohlge-
rundeter, faltiger, zarthautiger Stirn – sind nicht nur beredt, Imagi-
nationsreich, ehrgeitzig, Gedächtniß-Heldinnen – sondern auch von
Natur zur Galanterie äußerst geneigt, und vergessen sich bey aller
Klugheit sehr leicht.

LXXVI.
Weiber.

Ein Weib mit einer tief-hohlen Nase-Wurzel, und einem vollen
Busen, und einem etwas vorstehenden Hundszahn – wird, aller
ihrer Häßlichkeit und Unliebbarkeit ungeachtet, den ganzen Pöbel
niedriger Wollüstlinge gewisser, leichter, und unwiderstehlicher
verführen, als eine wahrhafte Schönheit. – Die schlimmsten Huren,
die man vor den Consistorien sieht, sind immer dieses Charakters.
Fliehe sie, wie eine Pest, und verbinde dich nie mit einer solchen –
auch zum ehelichen Leben nicht – auch wenn sie im beßten Rufe
steht.

LXXVII.
Warzen.

Eine breite, braune Warze (Schanzlaus) am Kinne, werdet ihr nie
an wahrhaft weisen, ruhig-edeln Menschen – aber sehr oft an merklich Imbezilen finden. – Wenn ihr sie auch an einem Weisen findet,
so wird der gewiß häufige Momente der völligsten Gedankenlosig-
keit, Geistes-Absenz, und einer unglaublichen Schwäche haben.

LXXVIII.
Warzen.

Es giebt an sehr verständigen, angenehmen Menschen, Warzen
an der Stirn, die nicht braun, nicht sehr groß sind, zwischen den
Augbraunen, die nichts widriges, nichts fatales zeigen – Aber, eine
starke, braune Warze an der Oberlippe, besonders, wenn sie bebor-
stet ist, werdet ihr an keinem Menschen finden, dem nicht irgend

75

etwas Wesentliches zur Ganzheit mangelt, der sich nicht wenigstens durch einen Capital-Fehler auszeichnet.

LXXIX.
Taugenichts.

Aufgedunsene, welke Backen; großes, schwammiges Maul; mittlere, eher kleine Figur; Sommerflecken im Gesichte; flaches, unlocksames Haar; widersprechende, gebrochene Falten in der Stirnhaut; schnell gegen die Stirn sich senkender Schädel; Augen, die nie natürlich ruhig auf einen Fleck hinschauen, und abwärts gewinkelt sind sind – zusammen das Rezept zu einem Taugenichts.

LXXX.
Vorsicht.

Sey vorsichtig gegen jede Leisesprecher und Scharfschreiber; gegen Wenigsprecher und Vielschreiber; gegen jeden Wenigsprecher und Viellächler, dessen Viellächeln nicht rein von Hohn und Verachtung ist. – Kurze Stirnen, stumpfe Nasen, sehr kleine Lippen, oder dann vorstehende Unterlippen – und große Augen, die dich nie direkt anschauen dürfen – und besonders breite, rohe Kinnladen; ein aufstehendes, unten fest-fettes Kinn, zeichnen sie aus.

LXXXI.
Heucheley, Wankelmuth.

Schwäche und Eitelkeit – ist Mutter der Heucheley. Wo du entscheidende Züge von beyden, bey äußerlicher Artigkeit und vorkommendem Wesen findest; unmarkierte, flache Züge, mit einiger Grazie in der Bewegung, mit Kälte bey Heftigkeit – da erwarte, wo nicht Heucheley, doch Wankelmuth, der nah' an Heucheley gränzt.

LXXXII.
Lächeln.

Wer bey'm Lächeln gewinnt, und bei'm Lachen verliert; – wer, ohne Lächeln, huldreich zu lächeln scheint, und schweigend friedliches Betragen um sich her verbreitet – wer auch im witzreichsten und witzfrohsten Lächeln oder Lachen nie kaltverachtenden Hohn verräth; wer lieblich lächelt, wo er Freude der Unschuld bemerkt, und Lob des größern Verdienstes vernimmt – in dessen Physiognomie und in dessen Charakter wird alles edel, alles harmonisch seyn.

LXXXIII.
Zum Fliehen.

Halte möglichst an dich, in der Gegenwart eines fetten Cholerikers, der immer kaut, immer mit vorrollenden Augen herumschaut, nie gelassen spricht, sich die Ziererey gratioser Höflichkeit angewöhnt hat, und alles mit Unreinlichkeit und Unordnung behandelt. – In seiner runden, kurzen, aufgestülpten Nase, in seinem offnen Munde, in seiner hin und her sich werfenden Unterlippe, in seiner verhängenden protuberanzreichen Stirn, und in seinem weither hörbaren Fußtritt ist Verachtung und Härte; Halbheit mit Prätension von Ganzheit, Bosheit mit Aushängung von Bonhomie.

LXXXIV.
Zum Fliehen.

Fliehe jeden, der gespannt, aufgezogen, hellsprechend, unhörend dezidiert; dessen Augen im Dezidieren größer, vordringender; dessen Augbraunen borstiger, dessen Adern schwellender, dessen Unterlippe ausrückender, dessen Hals aufgeschwollner, dessen Hände Fäuste werden – und der sogleich herabsitzt, höflich-kühl wird; dessen Augen und Lippen zurück treten, wenn er durch die unerwartete Gegenwart eines Größern, der dein Freund ist, unterbrochen wird.

LXXXV.
Zweydeutige Charakter.

Wer schnell seine Gesichtszüge und seine Gesichtsfarbe ändert, und sehr sorgfältig ist, diese schnellen Abwechslungen zu verbergen, und plötzlich eine gelassene Miene annehmen kann; wer besonders seinen Mund leicht an- oder abzuspannen weiß, ihn gleichsam im Zaume halten kann, und besonders, wenn das Auge des Beobachters sich regt zur Wendung gegen ihn – der ist minder redlich, als klug; mehr Weltmann, als Philosoph; mehr Politiker, als Ruhigweiser; mehr guter Gesellschafter, als treuer Freund.

LXXXVI.
Denker.

Es giebt keinen ächten Denker, dem man es nicht zwischen den Augbraunen, und im Uebergang der Stirn zur Nase ansieht. Fehlt es da an Buchten oder Tiefe, Feinheit oder Energie – so wirst du im ganzen Gesichte, und im ganzen Menschen, und in allen Handlungen und Geistes-Operationen, den Denker umsonst suchen – das ist, den Mann mit dem tiefen Bedürfnisse nach wahren, klaren, bestimmten, konsequenten und zusammenhängenden Begriffen.

LXXXVII.
Wollüstling.

Ein lang hervorstehendes, nadelartiges, oder stark krauses, wildes, rohes, auf einem braunen Flecken gewurzeltes Haar am Kinn oder Halse, spricht sehr entscheidend für großmächtige Voluptuosität, die selten ohne großmächtigen Leichtsinn ist.

LXXXVIII.
Harte Charakter.

Einige Ingredienzien –

    a.   Perpendikuläre, knottenreiche Stirnen, sehr hoch, oder sehr kurz.

    b.   Sehr spitze, kleine, kurze, oder roh-runde Nasen, mit weiten Naslöchern.

c. Scharf-eingeschnittne, lange, ununterbrochne Wangen, oder Nasenzüge.

d. Untere Zähne, merklich vorstehend, unter obern langen, oder sehr kurzen.

LXXXIX.
Zum Fliehen.

Wer, ohne zu schielen, zugleich auf zwo Seiten zu schauen sich gewöhnt hat; kleine, helle Aeuglein nach ungleichen Direktionen gucken läßt, und obendrein allenfalls noch schwarze Zähne, und bey einer hohen oder kleinen Statur einen gebognen Rücken hat, und mitunter schief hohnlächelt – den fliehe, alles seines Scharfsinns, Vielwissens und Witzes ungeachtet, als einen falschen, ehrlosen, unverschämten, arglistigen, eigennützigen und niedrigen Menschen.

XC.
Zum Fliehen.

Fliehe große Augen in kleinen Gesichtern, bey kleinen Näschen, kleinen Figürchen, welche mitten im Lachen dich fühlen lassen, daß sie nicht froh sind – und mitten in der Freudenbezeugung über deine Nähe, ein schalkhaftes Lächeln nicht verbergen können.

XCI.
Zum Fliehen.

Große, massive Körper, mit kleinen Augen, runden Wangen, vollen, niederhängenden Backen, wurstigen Lippen, sackähnlichem Kinne; die immer mit ihrer eigenen Körperlichkeit beschäftigst sind, immer räuspern, spucken, Taback nehmen, kauen, schneutzen; auch wohl gar alles, wovon sie sich entladen, dem freyen Boden anvertrauen – sind im Grund eitele, fade, kraftlose, ehrsüchtige, lenksame, vielwissende, unsichere, leichtsinnige, wollüstige, schwerzubehandelnde, vielgierige, wenig-geniessende Charakter – und wer wenig genießt, der giebt wenig.

XCII.
Zum Fliehen.

Wer schleicht, sich vorwärts neiget, zurück geht im Entgegenkommen, leise-schüchtern Grobheiten sagt, dich scharf fixiert, so-

bald du dich wendest, und dir nie gelassen in's Gesicht sehen darf;
der von keinem Menschen Gutes spricht, als von Bösen; wider jeden
Beruf Exceptionen, wider jede Behauptung Widersprüche in Bereit-
schaft hat – o, könntest du seinen Schädel befühlen – welche ver-
steckte Mißform! Welche irreguläre Knotten! Welche pergamentne
Weichheit und eiserne Härte zugleich! Fliehe! Du verlierst in seiner
Atmosphäre, auch wenn du zu gewinnen scheinst. – Betrachte, sag'
ich auch hier wieder, die Falten seiner Stirn – wenn er einen geraden, unschuldigen, religiösen Mann ekrassiert, und einem harten
Schalk das Wort redet. – Die Verworrenheit derselben wird dir das
Verworrene des Charakters klarer als klar zeigen.

XCIII.

Zum Fliehen.

Wie klug, wie gelehrt, wie scharfsinnig, wie gewandt, wie
brauchbar und nützlich immer ein Mensch sey, wenn er sich immer
mißt, oder zu messen scheint; wenn er Gravität affektiert, um den
Mangel innerer lebendiger Kraft zu bedecken; wenn er gemessenen
Schrittes, seines *Ich* keinen Augenblick vergessend, *sich* im Kopfe,
sich im Halse, *sich* im Schulterblatt tragend einher geht; und dennoch im Grunde leichten Sinnes und schalkhaften Humors ist, und,
sobald er allein ist, alle Würde, Gravität und Selbstaushängung,
sein *Ich* aber nie vergißt – er werde nie dein Freund.

XCIV.

Warnung.

Wenn ein rascher, roher Mensch bey dir allein sanft, gelassen,
höflich ist, und immer zu lächeln oder Lächeln zu machen sucht, so
wende dich – »mir nichts, dir nichts« – und schnell kehre dich zurück, ehe er seine Falten dir wieder gefällig machen kann; *die* Falte
in der Stirn, *die* in den Wangen, die seiner künstlichen Bemühung
unmittelbar vorgeht, und die sich in diesem Momente fast immer
stark zeigt, ist die wahre; – diese beyden zeichne dir – und sie heis-
sen warnend in deinem Alphabete der Physiognomik.

XCV.

Was nicht zusammen taugt.

Hast du eine lange, hohe Stirn, so mache nie Freundschaft mit einem beynahe kugelrunden Kopf. Hast du einen beynahe kugelrun-

den Kopf, so mache keine Freundschaft mit einer hohen, langen, beinernen Stirne. – Besonders taugen solche durchaus nicht zu Ehepaaren.

XCVI.
Zum Fliehen.

Verbinde dich mit keinem Menschen, der auch nur einen noch so kleinen, dir fatalen Zug im Gesichte hat, der sich mit jeder Bewegung regt, und selten ganz verschwindet; besonders, wenn dieser Zug sich im Munde und in den Falten um den Mund her zeigt. Du wirst sicherlich immer anprellen, es mag auch sonst noch so viel Gutes im Charakter seyn.

XCVII.
Zum Fliehen.

Fliehe den auffallend Schiefblickenden, Schiefmauligen; mit breithervordringendem Kinne – am meisten, wenn er dir mit unterdrücktem Hohne Höflichkeiten sagt – bemerke die unverbergbaren Falten auf den Backen. Er wird dir wenig vertrauen, aber viel Vertrauen von dir erst zu erschmeicheln, dann zu ertrotzen suchen.

XCVIII.
Männliche Charakter.

Beynahe furchenlose, nicht perpendikuläre, nicht sehr zurückgehende, nicht sehr flache, nicht kugel- sondern schaalenförmige Stirne; dichte, nette, reiche, die Stirn auffallend begränzende Augbraunen, über mehr als halb-offnen, jedoch nicht ganz-offnen Augen; eine mäßige Vertiefung zwischen Stirn und einer etwas verbognen, breitrückigen Nase; merklich geschweifte, nicht offne, nicht scharfbeschlossne, nicht sehr kleine, nicht große, nicht disproportionierte Lippen; ein, weder sehr vorstehendes, noch sehr zurückgehendes Kinn – sind zusammen entscheidend für reifen Verstand, männlichen Charakter, klug-thätige Festigkeit.

XCIX.
Zum Fliehen.

Wer den großen, oder, merklich-kleinen Kopf zurückstrebend empor hebt; wer die kurzen Füße, Aufmerksamkeit erregend, spiegelt; wer die großen Augen, größer machend, geflissentlich seitwärts drehet, als müßte er alles über die Achsel ansehen; wer lange stolz-schweigend horcht, und dann trocken, kurz, und absprechend antwortet, und mit kalter Lache endigt; so bald du zur Replike die Lippe regst, supercilios und Stillschweigen-gebietend dich an- brummt – der hat von drey lieblichen Qualitäten nur eine minder, als vier – *Eigensinn, Stolz, Härte*, mit allen ihren Symptomen – und obendrein höchst wahrscheinlich noch Lügenhaftigkeit, Schalkheit und Geitz.

C.

Zum Fliehen.

Fliehe jedes prägnante, charakterreiche, großaugige, volle, scharf- durchfurchte, scharf-belippte, gelb-braune, blau-geäderte, knöcher- ne Gesicht, das sich dir mit unterthäniger Schmeicheley nähert – es wird ein Ahitophel, ein Judas, ein Satan an dir werden, wenn du es mit schlichtem Geradsinn und derber Ehrlichkeit behandelst. Es wird lügen und wüthen wider dich, und dein bloßer Name wird ihm Augen und Adern aufschwellen. – Schmeicheley in harten, und Härte in weichen Gesichtern sind gleich furchtbar.

Beschluß.

Brauche, mißbrauch' es nicht, behalt' es für dich und die Wahrheit,
Die die Natur dich lehrt, und ein Freund der Natur sey dir heilig;
Gieb das Heilige nicht den Hunden! – Dem Schweine nicht – Perlen!
Rein ist alles dem Reinen, und Wahrheit ist Eins mit der Freyheit!

Über tredition

Eigenes Buch veröffentlichen

tredition wurde 2006 in Hamburg gegründet und hat seither mehrere tausend Buchtitel veröffentlicht. Autoren veröffentlichen in wenigen leichten Schritten gedruckte Bücher, e-Books und audio-Books. tredition hat das Ziel, die beste und fairste Veröffentlichungsmöglichkeit für Autoren zu bieten.

tredition wurde mit der Erkenntnis gegründet, dass nur etwa jedes 200. bei Verlagen eingereichte Manuskript veröffentlicht wird. Dabei hat jedes Buch seinen Markt, also seine Leser. tredition sorgt dafür, dass für jedes Buch die Leserschaft auch erreicht wird.

Im einzigartigen Literatur-Netzwerk von tredition bieten zahlreiche Literatur-Partner (das sind Lektoren, Übersetzer, Hörbuchsprecher und Illustratoren) ihre Dienstleistung an, um Manuskripte zu verbessern oder die Vielfalt zu erhöhen. Autoren vereinbaren direkt mit den Literatur-Partnern die Konditionen ihrer Zusammenarbeit und partizipieren gemeinsam am Erfolg des Buches.

Das gesamte Verlagsprogramm von tredition ist bei allen stationären Buchhandlungen und Online-Buchhändlern wie z. B. Amazon erhältlich. e-Books stehen bei den führenden Online-Portalen (z. B. iBookstore von Apple oder Kindle von Amazon) zum Verkauf.

Einfach leicht ein Buch veröffentlichen: **www.tredition.de**

Eigene Buchreihe oder eigenen Verlag gründen

Seit 2009 bietet tredition sein Verlagskonzept auch als sogenanntes "White-Label" an. Das bedeutet, dass andere Unternehmen, Institutionen und Personen risikofrei und unkompliziert selbst zum Herausgeber von Büchern und Buchreihen unter eigener Marke werden können. tredition übernimmt dabei das komplette Herstellungs- und Distributionsrisiko.

Zahlreiche Zeitschriften-, Zeitungs- und Buchverlage, Universitäten, Forschungseinrichtungen u.v.m. nutzen diese Dienstleistung von tredition, um unter eigener Marke ohne Risiko Bücher zu verlegen.

Alle Informationen im Internet: **www.tredition.de/fuer-verlage**

tredition wurde mit mehreren Innovationspreisen ausgezeichnet, u. a. mit dem Webfuture Award und dem Innovationspreis der Buch Digitale.

tredition ist Mitglied im Börsenverein des Deutschen Buchhandels.

Dieses Werk elektronisch lesen

Dieses Werk ist Teil der Gutenberg-DE Edition DVD. Diese enthält das komplette Archiv des Projekt Gutenberg-DE. Die DVD ist im Internet erhältlich auf **http://gutenbergshop.abc.de**